尚书·礼记

卷二

〔东汉〕孔安国　戴圣　著

礼记

曲礼（上）

《曲礼》曰：毋不敬，俨若思，安定辞，安民哉！

敖[①]不可长，欲不可从，志不可满，乐不可极。

贤者狎而敬之，畏而爱之。爱而知其恶，憎而知其善。积而能散，安定而能迁。临财毋苟得，临难毋苟免，很[②]毋求胜，分毋求多。疑事毋质，直而勿有。

若夫坐如尸[③]，立如齐。礼从宜，使从俗。

夫礼者，所以定亲疏、决嫌疑、别同异、明是非也。礼，不妄说人，不辞费。礼不逾节，不侵侮，不好狎。修身践言，谓之善行。行修[④]言道，礼之质也。礼，闻取于人，不闻取人。礼，闻来学，不闻往教。

道德仁义，非礼不成；教训正俗，非礼不备；分争辨讼，非礼不决；君臣上下，父子兄弟，非礼不定；宦学[⑤]事师，非礼不亲；班朝治军，莅官行法，非礼威严不行；祷祠祭祀，供给鬼神，非礼不诚不庄。是以君子恭敬、撙节、退让以明礼。鹦鹉能言，不离飞鸟；猩猩能言，不离禽兽。今人而无礼，虽能言，不亦禽兽之心乎？夫唯禽兽无礼，故父子聚麀。是故圣人作，为礼以教人，使人以有礼，知自别于禽兽。

大上贵德，其次务施报。礼尚往来。往而不来，非礼也；来而不往，亦非礼也。人有礼则安，无礼则危。故曰：礼者，不可不学也。夫礼者，自卑而尊人。虽负贩者，必有尊也，而况富贵乎？富贵而知好礼，则不骄不淫；贫贱而知好礼，则志不慑。

【注释】

①敖：通『傲』，傲慢。

②很：同「狠」，争斗。

③尸：祭祀时，代表受祭者。尸在祭祀中一直端坐着。

④修：修养。

⑤宦学：为学习做官。

【译文】

《曲礼》说：「人不可以不恭敬，神情要庄重地有所思考，说话时神情安详言辞合理、审慎，这样才可使民众安定。」

傲慢不能滋长，欲望不能放纵，志意不可自满，享乐不能过度。

对于贤能的人要亲近并且尊敬，敬畏并且爱戴。对于爱戴的人要知晓他的短处，对于憎恨的人要知道他的长处。能积聚财产却又能布施给穷人，能安于现实却又能适应变化。遇到财物不要随便占为己有，遇到危难不要随便躲避，与人争执不要追求胜利，分派财物不要求很多。有怀疑不要以自己的成见擅下定论；意见正确时也不自以为是，将正确的意见据为自己的发明。

如果坐，就要像受祭的尸那样庄重地端坐，站着就要像斋戒那样恭敬地肃立，礼仪要按照时宜，出使别国要遵守别国的风俗习惯。

所谓礼，是用以确定人与人之间关系的亲疏远近，判断容易混淆和相似的事物，区分事情何时相同何时相异，分清事情的是非对错。依礼而言，不可随意地取悦于人，不能说做不到的话。依礼，做事不逾越节度，不侵犯侮慢，不轻佻亲狎。修养自己的德行，实践自己的承诺，这就称为完美的品行。行合忠信，言合仁义，这才是礼的本质。依礼，只听说主动向人取法学习，没听说硬让人取法学习的。依礼，听说有学生积极来到师门拜师学艺的常规，没有听说老师反而到学生居所去传教的。

道德仁义，无礼则无法养成；教导训诫，端正风俗，无礼不能完备；分清争端曲折，辨清狱讼是非，无礼则不能确定；君臣上下，父子兄弟之间，法令不能确定尊卑名分；为学习做官，学习道艺而侍奉师长，无礼都不可能尊敬师长；朝廷分尊卑，治军分上下，做官行公事，执法行礼，无礼则威严不能体现；因事祭鬼神，常规祭天地，供品祭器的安排，无礼即不能够体现心诚和严肃。所以，有德行的人，总是外貌恭，内心敬，行为俭，荣誉退，财物让，从而使礼义昭显。鹦鹉能学舌，终是飞鸟，猩猩能说话，终是禽兽。如今作为人而无礼，尽管能说话，不也是禽兽的心态吗？只因禽兽才不知礼，所以父子与雌兽交配。所以有圣人兴起，制定礼来教导人，使人因此而有礼，知道把自己和禽兽分别开来。

三皇五帝时期，人们只注重施惠他人而不想求报。到了后来的三王时期，才注重施惠他人而即思求报。礼，注重有往有来。往而不来，不符合礼的规定；来而不往，也不合乎礼的规定。人有礼就境况安宁，无礼就境况危险，所以说礼是不能不学的。所谓礼注重谦卑自己而尊重别人。即使是挑担做小生意的人，也有他值得尊敬的地方，何况富贵之人呢？身处富贵而知礼，就会不骄傲，不放荡。身处贫穷而知礼，就会心无困惑。

人生十年曰幼，学；二十曰弱，冠；三十曰壮，有室；四十曰强，而仕；五十曰艾，服官政；六十曰耆，指使；七十曰老，而传；八十、九十曰耄；七年曰悼[①]。悼与耄，虽有罪，不加刑焉。百年曰期，颐。

大夫七十而致事。若不得谢，则必赐之几杖，行役以妇人，适四方，乘安车。自称曰『老夫』，于其国则称名。越国[②]而问焉，必告之以其制。

谋于长者，必操几杖以从之。长者问，不辞让而对，非礼也。

凡为人子之礼，冬温而夏清[③]，昏定而晨省。在丑、夷不争。

夫为人子者，三赐不及车马。故州、闾、乡、党称其孝也，兄弟亲戚称其慈也，僚友称其弟也，执友[④]称其仁也，交游称其信也。见父之执，不谓之进不敢进，不谓之退不敢退，不问不敢对。此孝子之行也。

夫为人子者，出必告，反必面；所游必有常，所习必有业。恒言[⑤]不称老。年长以倍，则父事之；十年以长，则兄事之；五年以长，则肩随之。群居五人，则长者必异席。

【注释】

①悼：怜爱。

②越国：他国使者。

③清：凉。

④执友：志同道合的朋友。

⑤恒言：平常说话。

【译文】

人生十岁称为『幼』，这时候该开始上学了；二十岁称为『弱』，这时候就该行冠礼了；三十岁称为『壮』，这时候就该娶妻成家了；四十岁称为『强』，这时候就该任职当官了；五十岁称为『艾』，这时候就可以做行政主管；六十岁称为『耆』，这时候就可以指使他人做事；七十岁称为老，这时候就该把家族中祭祀等事大交代给儿孙掌管了；八九十岁的人称为『耄』。七岁称为『悼』。七岁以下的儿童和八九十岁的老人，虽然有罪，也不能施以刑罚。百岁老人称为『期』，儿孙要尽心加以赡养，颐养天年。

大夫到七十岁应当结束做官生涯了。假如辞官没有得到国君允许，国君就一定要赐给他凭几、拐杖，因公事外出时要派妇人跟随照顾，到各地去视察，乘坐安稳的车子。可以自称『老夫』，但是在国内应该称名字。他国使者来访，国君要咨询老者，把本国的典章制度告诉使者。

和年长的人商议事情，一定要拿着桌几、拐杖跟随着他。年长的人问话，不谦让就回答，是不合乎礼仪的。

做儿子之礼，要使父母冬天感觉温暖、夏天感觉清凉，傍晚要为父母铺好枕席、早晨要向父母问好，在众同辈中不与人争斗。

凡是做儿子的，再三给别人赠送东西，却不能馈赠车马。所以本乡本土都赞美他的孝顺，兄弟亲戚都赞美他的善良，同僚们都赞美他的敬爱兄长，朋友们都赞美他的对人厚道，和他有来往的人也都赞美他的诚实可靠。看到父亲的朋友，如果不叫上前就不敢上前，若不叫退下就不敢退下，如果不问，不敢首先发话。这样做才称得上是孝子的行为。

做儿子的，出行之前必须要当面禀告父母，回到家里也要如此。出游一定去常去的地方，学习一定要有专业。平常说话不说『老』字。对于年长自己一倍的人，应该待之如父；对于年长十岁的人，应该待之如兄；对于年长五岁的人，虽能够并肩而行，但仍须稍稍靠后。平辈五人同居一处，应让年长的人另坐一席。

为人子者，居不主奥[1]，坐不中席，行不中道，立不中门。食飨不为概，祭祀不为尸。听于无声，视于无形。不登高，不临深，不苟訾，不苟笑。

孝子不服[2]暗，不登危，惧辱亲也。父母存，不许友以死。不有私财。

为人子者，父母存，冠衣不纯[3]素。孤子当室，冠衣不纯采。

幼子常视毋诳。童子不衣裘、裳。立必正方，不倾听。长者与之提携，则两手奉长者之手。负、剑，辟咡诏之，则掩口而对。

从于先生，不越路而与人言。遭先生于道，趋而进，正立拱手。先生与之言则对，不与之言则趋而退。

从长者而上丘陵，则必乡长者所视。登城不指，城上不呼。

将适舍，求毋固。将上堂，声必扬。户外有二屦，言闻则入，言不闻则不入。将入户，视必下。入户奉扃，视瞻毋回；户开亦开，户阖亦阖；有后入者，阖而勿遂。毋践屦，毋踖[4]席，抠衣趋隅。必慎唯诺。

大夫、士出入君门，由闑右，不践阈。

凡与客入者，每门让于客。客至于寝门，则主人请入为席，然后出迎客，客固辞，主人肃客而入。主人入门而右，客入门而左；主人就东阶，客就西阶。客若降等，则就主人之阶；主人固辞，然后客复就西阶。主人与客让登，主人先登，客从之，拾级聚足，连步以上。上于东阶则先右足，上于西阶则先左足。

帷薄之外不趋，堂上不趋，执玉不趋。堂上接武，堂下布武[5]，室中不翔。并坐不横肱，授立不跪，授坐不立。

【注释】

①主：坐。奥：屋的西南角，平时为尊者所坐之处。

②服：事。

③纯：衣服鞋帽的镶边。

④踖：践踏。

⑤布武：足迹散开。

【译文】

身为人子，居处时不敢坐在应当是尊着坐的室内西南角的位置，座席不居席子中央，走路不走路的中央，站立不居中门。举行食礼，飨礼招待宾客时，饮食多寡由家长决定，不敢擅自做主限量；祭祀不充当尸。父母未说话，揣摩其心情；没见父母时，揣度其形象。不攀登险处，不靠近深渊，不任意非议，不随便嬉笑。孝子不做暗事，不攀登危险的地方，担心让父母的名声受辱。父母在世的时候，不可对朋友许诺可以为其身献去死，不可私存钱财。

作为儿子的，父母在世的时候，帽子、衣服不可有白色的镶边。父亲去世自己操持家务，帽子和衣服不可有彩绢帛的镶边。

对幼小的孩子应该经常用正确的东西来教导他，而不要说谎欺骗他。儿童不能穿皮衣与裙裳。站的时候一定要端正，不能侧着身子听别人讲话。年长的人伸手要后辈搀扶，后辈就一定要两只手握着年长的人的手。长者在胁下夹抱儿童或者探身在儿童耳边吩咐事情时，儿童要用手盖住嘴巴来回答。

跟从先生走路，不应跑到路的另外一旁和别人说话。在路上遇见先生，要快步上前，对先王立正拱手。先生和自己说话，就回答；先生不和自己讲话，就快步退下。跟从长者登上丘陵，一定要向长者所看的方向看去。登上城墙，不可指东画西，不可大呼小叫。

到别人的居处去，要求不粗鲁。将登堂屋，探问之声一定要响亮。如门外有两双鞋，室内的谈话之声能听到，则表示可以进去，如谈话之声不能听到，则表示不能进去。将进门，眼睛往下看。进门时，双手要像捧着门闩一样恭敬地放在胸前，不回头四处张望。门如果是开的，进去后还是让门开着；门如果关着的，进去后仍关门。如果后边还有人，不要马上把门关上。不要踩到别人的鞋子，不可从坐席前方上席，要提起衣服走到席角上席。说话应答一定要谨慎。

士大夫进出国君的门庭，要从门橛的右边进出，出入时不得踩到门槛。

凡是主人与客人在一起，每走到一个门口，主人都要让客人先进。当与客人走到卧室门口时，主人要请客人稍等，自己先进入整理坐席，然后再出来迎接客人进去。客人一再推辞的时候，主人就引导客人让他进来。主人进门后朝右边走，客人进门后朝左边走。主人走路靠着东边台阶，客人走路靠着西边的台阶。客人的地位假如低于主人，就要到主人的台阶前（准备随主人上堂），主人一再推辞，然后客人再回到西边的台阶。登阶之前主人和客人谦让一下，然后主人就先登阶，客人跟随后面，一级一级台阶、一步一步向上走。登阶时都是前脚先登一阶而后脚随之并立，两脚逐阶相随，后脚不越过前脚。在东边台阶就先上右脚，在西边台阶就先上左脚。

在离帷帘遮掩较远的地方不要快步走，堂上不要快步走，手中持有玉器时也不要快步走。堂上走路要用小碎步，两脚脚印相续；堂下走路可以用大步，两脚脚印分开；室内走路不能张开两臂。和别人坐在一起不能横起胳膊，把东西交给站立的人则自己不能跪，把东西交给坐着的人则自己不能立。

凡为长者粪①之礼，必加帚于箕上。以袂拘而退，其尘不及长者。以箕自乡而扱之。奉席如桥衡。请席何乡，请衽何趾。席南乡北乡，以西方为上；东乡西乡，以南方为上。若非饮食之客，则布席，席间函②丈。主人跪正席，客跪抚席而辞。客彻重席。主人固辞。客践席，乃坐。主人不问，客不先举。将即席，容毋怍③。两手抠衣，去齐尺。衣毋拨，足毋蹶。先生书策琴瑟在前，坐而迁之，戒勿越。虚坐尽后，食坐尽前。坐必安，执尔颜。长者不及，毋儳言。正尔容，听必恭。毋剿说，毋雷同。必则古昔，称先王。侍坐于先生，先生问焉，终则对。请业则起，请益则起。父召无诺，先生召无诺，唯而起。侍坐于所尊敬，毋余席。见同等不起。烛至起，食至起，上客起。烛不见跋。尊客之前不叱狗。让食不唾。侍坐于君子，君子欠伸，撰杖屦，视日蚤莫④，侍坐者请出矣。侍坐于君子，君子问更端，则起而对。侍坐于君子，若有告者曰『少间，愿有复也』，则左右屏而待。毋侧听，毋嗷应，毋淫视⑤，毋怠荒。游毋倨，立毋跛，坐毋箕，寝毋伏。敛发毋髢，冠毋免，劳毋袒，暑毋褰裳。

侍坐于长者，屦不上于堂，解屦不敢当阶。就屦⑥，跪而举之，屏于侧。乡长者而屦，跪而迁屦，俯而纳屦。离坐离立，毋往参焉。离立者不出中间。

【注释】

①粪：打扫席前垃圾污秽。

②函：容。

③怍（zuò）：脸变色。

④蚤莫：通『早暮』，早晚。

⑤淫视：东张西望。

⑥就屦：着鞋，穿鞋子。

【译文】

凡为长者清除秽物，一定要将扫帚盖在簸箕上，并以自己的袖子挡住灰尘，边扫边退，不让秽物（及臭气）影响长者。在清除时，簸箕口要朝向自己将垃圾扫进去。帮长者拿卷席，要像桔槔上的横木一样左高右低。帮长者铺设坐席，要请示长者面朝何方；为长者铺设卧席，要请示长者足朝何方。凡布席，坐南朝北坐，以西方为尊；坐东朝西坐，则以南方为尊。假如不是前来喝酒吃饭的客人，而是来讨论学问的客人，就要为他铺设坐席，席与席间隔一丈远。主人要跪下把席扶正，客人要跪下用手按席表示推让。客人要求撤除重席，主人则一再推辞。客人上席，主人才坐下。主人不提问，客人不先主动问。

客人上席就座时，脸色不要改变。两手提起下衣，要使其下摆离地有一尺，而上衣不要扬起，走路不要急促。如果面前有先生的简册、琴瑟，要跪下把它搬开，一定不能跨越过去。不是饮食的侍坐，要尽可能靠后，是饮食之坐，则要尽可能靠前。坐着一定要安稳，保持脸色神态。先生未说到的内容不要抢先插入。

态度要端庄，听讲要恭敬，不抄袭他人的言语，不与旁人的说法一致。如果一定要称引先贤的言论，就一定要指称先贤圣王之言。也不可与别人随声附和。在先生身旁陪坐，先生问到自己，要等到他的问话完结再回答。向先生请教书本上的问题，要起立，请先生把不明白的地方再说一遍，也要起立。父亲叫唤时，不能用『诺』来答应，先生召唤时，也不能用『诺』来答应；应该用『唯』来回答，随即起身行动。在所尊敬的人身旁陪坐，要尽可能靠近，不要使自己的席端留有余地。见到同辈的人来，可不站立。看到执掌火炬的人来，要起立。看到端饭的人来，要起立。看到主人的贵客来，要起立。晚上座谈，不要等矩火快要烧完、要烧到根部才更换。在贵客面前不可大声呵斥狗。主人劝客人吃饭时，不要吐唾沫。

在君子身旁陪坐，假如君子打哈欠、伸懒腰，拿手杖、穿鞋，看天色已晚，陪坐的人就应当请求离开。在君子身旁陪坐，如果君子转换话题问别的事情，就应当站起来回答。在君子身边陪坐，假如有人来告诉君子说：『等您稍闲暇时，有事向您禀报。』左右的人就应当退隐到一边去等待。

不要侧耳偷听别人交谈，回答不要高声喊叫，目光不要左瞟右看游移不定，不要散漫，行走不高傲，站立不歪斜扭曲，坐席不要交叉着两腿，像簸箕一样张开，睡卧胸腹不覆床。头发要收束齐整而不能披散下来，束发之冠不能脱下，劳作时不可袒胸裸体，夏天炎热不能撩起下裳。

陪坐在长者身边，鞋子不穿到堂上，脱鞋时不敢对着阶梯。穿鞋时一定要跪下拿起，退入旁边穿上。穿鞋时若面对长者，一定要跪下把鞋子移开，再弯下身子把鞋穿上。遇到两个人并排坐着或并排站着，自己就不要再插身中间。见到两个人并立，不要从他们中间穿过。

男女不杂坐，不同椸、枷[1]，不同巾、栉，不亲授。嫂叔不通问。诸母不漱裳。外言不入于梱，内言不出于梱。女子许嫁、缨，非有大故，不入其门。姑、姊、妹、女子子，已嫁而反，兄弟弗与同席而坐，弗与同器而食。父子不同席。男女非有行媒，不相知名；非受币，不交不亲。故日月以告君，齐戒以告鬼神，为酒食以召乡党僚友，以厚其别也。取妻不取同姓，故买妾不知其姓则卜之。寡妇之子，非有见焉，弗与为友。

贺取妻者曰：『某子使某，闻子有客，使某羞。』贫者不以货财为礼，老者不以筋力[2]为礼。

名子者不以国，不以日月，不以隐疾，不以山川。男女异长。男子二十，冠而字。父前子名，君前臣名。

女子许嫁，笄而字。

凡进食之礼，左殽右胾，食居人之左，羹居人之右；脍炙处外，醯酱处内；葱渫处末，酒浆处右。以脯脩置者，右朐右末。客若降等，执食，兴，辞。主人兴，辞于客，然后客座。主人延客祭，祭食，祭所先进，殽之序，遍祭之。三饭，主人延客食胾，然后辩[3]殽。主人未辩，客不虚口。平食，客自前跪，彻饭齐以授相者，主人兴，辞于客，然后客坐。

侍食于长者，主人亲馈，则拜而食；主人不亲馈，则不拜而食。

共食不饱，共饭不泽手。

毋抟饭，毋放饭，毋流歠，毋咤食，毋啮骨，毋反鱼肉，毋投与狗骨。毋固获，毋扬饭，饭黍毋以箸，毋嚃[4]羹，毋絮羹，毋刺齿，毋歠醢。客絮羹，主人辞不能亨；客歠醢，主人辞以窭。濡肉齿决，干肉不齿决。毋嘬炙。

侍饮于长者，酒进则起，拜受于尊所[5]。长者辞，少者反席而饮。长者举杯，未釂，少者不敢饮。

长者赐，少者、贱者不敢辞。赐果于君前，其有核者怀其核。御食于君，君赐余，器之溉者不写，其余皆写。

【注释】

①椸（yí）：晾衣服的竿子。枷：通「架」，衣架。

②筋力：这里指跪拜之礼。

③辩：同「遍」。

④嚃（tà）：不嚼而食。

⑤尊所：指放置酒樽的地方。尊，指盛酒的器具。

【译文】

男女不能随意混杂坐在一起，不能共用同一个衣竿、衣架，不能共用同一条毛巾和梳子，不能亲手互相递交东西。小叔和嫂嫂不彼此问候。不能让庶母洗自己的下身衣裳。男人谈的事情不可让女人知道并干涉，女人谈论的事情也不能让男人知道并干涉。女子订婚以后，就要佩戴缨带，不可进入她的闺门。姑母、姐妹、自己的女儿，出嫁之后回到娘家，兄弟不能与之同席而坐，不能与之共用同一器皿进食。父子不能同席而坐。男女之间，假如没有媒人往来提亲，就不知道对方的名字；如果女方还没有接纳财礼，双方就不会有交往，更不会关系亲近。因此，结婚的年月日要向官方登记，还要斋戒后报告祖先，还要设置酒席邀请乡邻、同事、朋友，这样郑重其事，就是为了强调男女之别。娶妻不可取同姓女子，所以买妾如果不知她的本姓，就得通过占卜决定可否。寡妇的儿子，除非显示出具有奇异的才能，不然不能和他交朋友。

庆祝娶妻的人说：『某君派某前来，听说您有客人，让某把礼物献上给您。』贫穷的人不必以送人钱财物品为礼，年老的人不要求劳动身体力行繁杂的礼仪为礼。

给儿子取名，不用国名，不用日月名，不用身体隐藏处的疾病名，不用山川名。男女分别按长幼排序。男子到了二十岁，就要举办冠礼，并为他取字。在父亲面前凡兄弟都相互称名，在国君面前凡臣僚也都相互称名。女子许嫁之后，要为她举办笄礼，并为她取字。

凡摆设便餐，带骨的肉放在左边，切好的肉放置右边，饭食放在人的左手边，羹汤放在人的右手边；细切的肉和烤熟的肉放置在外边，肉酱放在里面，蒸葱佐料放在末端，酒和浆放在右边。假如还要摆设干肉，则弯曲的在左，挺直的在右。如果客人的身份较主人低贱，就应端着饭碗站立，说自己不敢坐此席位，这时主人就要起身劝说客人不要客气，然后客人才又坐下。主人请客人和他一起祭食。祭饭食的方法是，主人先摆设哪一种就先祭哪一种。祭肴馔的方式是逐一祭之，祭遍所有食物。客人吃过三口饭后，主人要请客人吃切好的大块肉，然后请客人逐一品尝各种食物。如果主人还没吃完，客人不能漱口表示已经吃饱。用餐完毕，客人应从席前跪起，撤下盛饭和酱的器具交给相者，主人起身，不让客人自己动手撤除食具，然后客人再坐下。

陪伴年长的人吃饭的时候，主人亲自赠送食物，要行拜礼然后再吃；主人不亲自赠送，就不行拜礼自己取食。

与人共用食器吃饭不要自顾吃饱，与人共用食器吃饭时不能揉搓双手。

抓饭时，不要把饭捏成团，不可将吃剩的饭粒放回食器，不可大口饮汤，吃饭时，口中不要发出各种声音，不要啃嚼骨头，不要将吃剩的鱼肉放回食器，不要将肉骨扔向猫狗。不要只吃某种食物，不要迫不及待地扬去饭中的热气，吃黍米饭不用筷子，不要不咀嚼而大口咽下。不要向汤里放调味品，不要当众剔牙，不要喝调味的蘸酱。假如客人往汤里放调味品，主人就会抱歉自己不会烹任；假如客人大口吃调味的蘸酱，主人就会抱歉食物准备不足。卤肉应用牙齿咬断，干肉不用牙齿咬，而要用手撕开。吃烤肉不要一口吞一大块。

陪着长者饮酒，看见长者将给自己斟酒就要赶紧起立，走到放酒樽的地方拜受。长者说不要这样客气，然后少者才回到自己的席位准备饮酒。长者还没举杯饮尽，少者不敢饮。

长者有所赐，做晚辈的不可辞让不受。国君当面赐食水果，有核的要把核藏在怀里，不能吐到地上。

侍奉国君吃饭，国君赐以剩余之食，这时就要看盛食之器是否能够洗涤。若是放在能够洗涤的食器里，则就原器取食，不应倒入另外的器皿；若是放在不能够洗涤的食器里，就要全部倒入另外的器皿取食。这是怕弄脏了国君的食器。

馂[①]余不祭。父不祭子，夫不祭妻。御同于长者，虽贰不辞，偶坐不辞。羹之有菜者用梜，其无菜者不用梜。

为天子削瓜者副[②]之，巾以絺。为国君者华之，巾以绤。为大夫累之。士疐之，庶人龁之。

父母有疾，冠者不栉，行不翔，言不惰，琴瑟不御。食肉不至变味，饮酒不至变貌，笑不至矧[③]，怒不至詈。疾止复故。

有忧者侧席而坐，有丧者专席而坐。

水潦降，不献鱼鳖。献鸟者佛其首，畜鸟者则弗佛也。献车马者执策绥，献甲者执胄，献杖者执末，献民虏者操右袂，献粟者执右契，献米者操量鼓。献孰食者操酱齐，献田宅者操书致。凡遗人弓者，张弓尚筋，弛弓尚角。右手执箫，左手承弣，尊卑垂帨。若主人拜，则客还辟辟拜。主人自受，由客之左接下承弣，乡与客并，然后受。进剑者左首，进戈者前其镈④，后其刃。进矛戟者前其镦⑤。

【注释】

①馂（jùn）：剩的饭菜。

②副（pì）：削。

③矧（shěn）：齿龈。

④镈（zūn）：戈柄下端圆形的金属套。

⑤镦（duì）：矛、戟柄末的金属套。

【译文】

吃剩下的饭食不必行食前祭礼。父亲吃儿子剩余的饭食不祭，丈夫吃妻子剩下的饭食不祭。陪侍长者受邀用餐，尽管主人进上双份食物也不要推辞。假如同辈两人并坐为客，（主人端上双份食物）羹汤中有菜的用筷子，没有菜的不用筷子。

替天子削瓜，要削皮之后直剖为四，再横剖，用细葛布盖上而进之。替国君削瓜，直剖为二，用粗葛布盖上而进用。替大夫削瓜，直剖为二，不用盖上。为士削瓜，去皮后只要横切一刀，去除瓜蒂。庶人除瓜蒂后就直接啃着吃。

父母亲有了病，成年的儿子不梳头打扮，行路时不甩开双手，说话不开玩笑，不鼓琴瑟。吃肉不能吃得口味都变了，饮酒不要饮到脸色改变，笑不露出齿龈，发怒不要气得骂人。等父母的病好了，才回到平时的生活状态。

心中有忧虑的人，则坐在单独席位；服丧的人，只坐单层席。

（夏季）雨水多，不进献鱼鳖。进献禽鸟要让鸟首朝着自己，但如连笼进献家养的鸟就不用调头了。

进献车马要拿着马鞭与车绳呈献，进献铠甲用头盔呈献，进献手杖要执于尾端，进献俘虏的右臂衣袖，献谷物用契券的一半，献米则拿着量米的容器。献熟食只拿着切好的酱菜，献田地或住宅则呈献标注有大小数据的契约凭证。凡赠予弓，装好弓弦的，进献时弦向上；没装弓弦的，进献时弓背朝上。赠予时右手拿着弓的末端，左手托着弓的中部。接受双方如果身份地位相同，双方行礼都只需稍微躬身，使佩带下垂就好。如果接受方要拜谢，则赠送者要后退避开主人的拜谢。主人亲自接纳，要从客人的左边接弓的另一端，然后托着弓的中部，主人与客朝同一方向站立接纳。进献刀剑要用左手拿着柄呈给对方，赠戈要把柄交给对方而将锋刃留在后面（朝向赠者），赠矛与戟也是以柄授人。

进几杖者拂之。效马、效[1]羊者右牵之，效犬者左牵之。执禽者左首，饰羔雁者以缋。受珠玉者以掬，受弓剑者以袂。饮玉爵者弗挥。凡以弓剑、苞苴、箪笥问人者，操以受命，如使之容。

凡为君使者，已受命，君言不宿于家。君言至，则主人出拜君言之辱。使者归，则必拜送于门外。若使人于君所，则必朝服而命之；使者反，则必下堂而受命。

博闻强识而让，敦[2]善行而不怠，谓之君子。君子不尽人之欢，不竭人之忠，以全交也。

《礼》曰：『君子抱孙不抱子。』此言孙可以为王父尸，子不可以为父尸。为君尸者，大夫、士见之则下之，君知所以为尸者则自下之。尸必式[3]，乘必以几。齐者不乐，不吊。

居丧之礼，毁瘠不形，视听不衰。升降不由阼阶，出入不当门隧。居丧之礼，头有创则沐，身有疡则浴，有疾则饮酒食肉，疾止复初。不胜丧，乃比于不慈不孝。五十不致毁。六十不毁。七十唯衰麻在身，饮酒食肉，处于内。

生与[4]来日，死与往日。知生者吊，知死者伤。知生而不知死，吊而不伤；知死而不知生，伤而不吊。

吊丧弗能赙[5]，不问其所费；问疾弗能遗，不问其所欲；见人弗能馆，不问其所舍。赐人者不曰『来取』，与人者不问其所欲。

适墓不登垄，助葬必执绋，临丧不笑。揖人必违其位。望柩不歌，入临[6]不翔。当食不叹。邻有丧，舂不相；里有殡，不巷歌。适墓不歌。哭日不歌。送丧不由径，送葬不辟途潦。临丧则必有哀色。执绋不笑，临乐不叹。介胄则有不可犯之色。故君子戒慎，不失色于人。

【注释】

①效：呈献。

②敦：勉。

③式：通『轼』。轼是古代车箱前供站立乘车人扶持凭靠的横木。乘车人俯身低头伏轼是一种表示致敬的礼仪。

④与：数。

⑤赙：送布帛或钱财帮人办丧事。

⑥临：参加丧礼。

【译文】

进献凭几、手杖要提前擦拭干净。进献马和羊用右手牵，进献狗用左手牵。进献禽鸟，要将鸟头朝向左边。进献羔羊、雁等见面礼，用绘有云气的布盖上。接受珠玉要用双手捧，接受弓剑要合着衣袖去接。用玉杯饮酒时不要挥动酒杯。凡是受家长派遣，以弓剑、苞苴、箪笥去赠他人的，都要拿着东西听吩咐，像使者奉派出使的神态。

凡是作为国君的使者，已经接受使命了，应该马上行动不能在家停留过夜。君主的命令一到达，主人就要出来礼拜，并且说些有劳屈尊前来的话。使者回去，主人一定要到门外面拜送。如果派人到君主那儿去，就一定要穿上上朝的衣服再委派使者；等到派去的人回来，就一定要走出正屋去接受使者带回的君命。

博闻强记而能谦让，乐于做善事而不松懈，这样的人就称为君子。君子不要求别人什么时候都说自己好，也不要求别人什么时候都要对得起自己，这样，交情才能一直保持。

《礼》书上说：『君子抱孙不抱子。』这是说孙能够充当祭奠祖父的尸，子却不能够充当已故父亲的尸。充当已故国君尸的人，乘车出行大夫、士见了，就要下车致敬；国君知道了为先君充当尸的人，就要亲自下车致敬。尸一定要在车上行轼礼答谢，尸上车时一定要用几垫脚。斋戒的人为求心诚志专不听音乐，也不吊唁死者。

在居丧期间，虽然哀伤但不要消瘦到变形而显出骨头，视力、听力不要因此衰减。上下堂时不走东边的阼阶，出入时不走大门正中的道路。守丧之礼，头部有了疮才洗头，身体有了疮才洗澡，有了疾病才能饮酒吃肉，病愈后再回到守丧初始的状态。不能承受守丧的哀痛致使身体崩溃，就等于是不慈不孝。五十岁以上居丧，要节哀，不能极度损伤身体。六十岁以上居丧，则不至于瘦弱下去。七十岁以上居丧，则只要披麻戴孝，照常能够饮酒吃肉，住在房内。

凡计算生者服丧时间，从死者死的第二天开始算；死者殡殓之事，从死之日开始算。与死者家属是朋友的，致慰问之辞；与死者本人是朋友的，致哀伤之辞。仅仅和死者的家属是朋友，而和死者本人无交情的，只要对家属致辞表示吊唁，不对死者致辞表示哀伤；如只是与死者本人是朋友，而与家属无交情的，只要向死者致辞表示哀伤，不向家属致辞表示慰问。

吊丧而不能拿出钱物来协助人家办丧事，就不要问人家花销了多少。慰问病人而不能有所赠送，就不要问人家想要什么；见到客人而不能招待留宿，就不要问家人准备住在什么地方。赠给别人东西不要说『来拿』；把自己现有的东西送给别人，就不要问人家想要什么。

到墓地去不可登上人家的坟头。帮助送葬必定要抓着拉灵车的挽绳，参加丧礼不能够笑。对人行揖礼必定要离开原位。看见灵柩不能够唱歌；参加丧礼不能张开双臂迈步行走。面对食物不能叹息。邻家有丧事，不舂米唱歌。同乡有丧事，不在巷中唱歌。到墓地去不唱歌。参加吊丧的日子不唱歌。送丧不贪走捷径。送葬不避泥途和积水。参加丧礼脸上必定要有悲哀的神情。抓着拉柩车的绳不能够嬉笑。身在欢乐的场合不发出叹息声。穿铠甲戴头盔就要显出不可侵犯的神情。因此君子要小心慎重，不能在人前失去常态。

国君抚式，大夫下之；大夫抚式，士下之。礼不下庶人，刑不上大夫。刑人不在君侧。兵车不式。武车绥旌，德车结旌[①]。

史载笔，士载言。前有水则载青旌，前有尘埃则载鸣鸢[②]，前有车骑则载飞鸿。前有士师则载虎皮。前有挚兽则载貔貅。行，前朱雀而后玄武，左青龙而右白虎，招摇在上，急缮其怒。进退有度，左右有局，各司其局。

父之仇弗与共戴天。兄弟之仇不反兵[③]，交游之仇，不同国。

四郊多垒，此卿大夫之辱也。地广大，荒而不治，此亦士之辱也。

临祭不惰。祭服敝则焚之，祭器敝则埋之，龟筴敝则埋之，牲死则埋之。凡祭于公者，必自彻其俎[④]。

卒哭乃讳。礼不讳嫌名[⑤]，二名不偏讳。逮事父母则讳王父母，不逮事父母则不讳王父母。君所无私讳，大夫之所有公讳。《诗》、《书》不讳，临文不讳。庙中不讳。夫人之讳，虽质君之前，臣不讳也。妇讳不出门。大功、小功不讳。入竟而问禁，入国而问俗，入门而问讳。

【注释】

①德车：没有兵器装备的车。结：收敛着的。

②鸢：老鹰。

③不反兵：不必回家取武器。意即时刻带着兵器。

④必自彻其俎：祭后一定要自行撤去祭品牲俎。

⑤嫌名：读音相近之名。

【译文】

见到国君凭轼行礼时，大夫就要下车致以敬礼。见到大夫凭轼行礼时，士就要下车示敬。礼，不为下等的庶人制定礼仪条法。刑，不为上等的大夫制定刑律条法。遭受刑罚的人，不适合让他在国君左右。乘兵车时不须凭轼行礼。天子所乘的武车，旗旗是舒展着的，意在宣示威猛；天子所乘的德车，旗旗则要收束起来，以彰显德美于内。

国君会盟的时候，史官负责带上笔墨工具，士人负责带着今盟资料。前面有水，就竖起画有青雀的旌旗；前面有尘土飞起，就竖起画有鸣鸢的旌旗；前面有车骑，就竖起画有飞雁的旌旗。前面有军队，就竖起画有虎皮的旌旗；前面有凶猛的野兽，就竖起画有貔貅的旌旗。行军时，前应南方朱雀七宿，后面应北方玄武七宿，左边应东方青龙七宿，右边应西方白虎七宿，画有北斗星的旌旗在行列上空飘扬，令军队的士气高昂、威猛、强健。行列前进和后退都有固定的法度，分为左右两个部分，各自负责各个部分。

杀害父亲的仇人，要和他不共戴天。杀害兄弟的仇人，要随时能够拿出武器去报仇。杀害朋友的仇人，不要和他在同一个国家。

国都的四周多筑壁垒，说明国家常受侵略，这是卿大夫的耻辱。土地广阔，荒废而得不到开拓，这是士的耻辱。

在祭祀的时候不能懈怠。祭祀的服装如果破旧了就烧毁掉。祭祀的器具如果破旧了就埋掉。占卜用的龟壳、蓍草如果破旧了就埋掉。供祭祀用的动物死了就埋掉。凡是帮助国君祭祀，结束后一定要亲自撤去祭祀用的祭品牲俎。

行过卒哭之祭，就要避免称呼死者名字。但根据礼的规定，与死者之名读音相同的字能够不避，双字之名只要避其一字就可以。如果赶上侍奉父母，就要避讳祖父之名；假如未赶上侍奉父母，则可不避讳祖父之名。在国君面前不避家讳，在大夫面前则应避开国君名讳。读《诗经》《尚书》等经典，不必避讳。写文章，不必避讳。庙中的祭文和祝词，不必避讳。国君夫人的家讳，即使是在和国君对话，臣子也不必避。妇人之名讳，只限于家门之内避讳。对大功、小功的亲属，不必避讳。凡是到了别国国境，要先打听当地的禁忌，到了别国，要先打听城里的风俗，进入别人家，要先打听主人的家讳。

外事以刚日，内事以柔日。凡卜、筮日，旬之外曰『远某日』，旬之内曰『近某日』。丧事先远日，吉事先近日。曰：『为日①，假尔泰龟有常，假尔泰筮有常。』卜、筮不过三。卜筮不相袭。龟为卜，筴为筮。卜、筮者，先圣王之所以使民信时日、敬鬼神、畏法令也，所以使民决嫌疑、定犹与也。故曰：『疑而筮之，则弗非也；日而行事，则必践之。』

君车将驾，则仆执策立于马前；已驾，仆展軨效驾。奋②衣由右上，取贰绥跪乘，执策分辔，驱之五步而立。君出就车，则仆并辔授绥，左右攘辟。车驱而驺，至于大门，君抚仆之手，而顾命车右就车。门闾、沟渠必步。凡仆人之礼，必授人绥。若仆者降等，则受，不然则否。若仆者降等，则抚仆之手，不然则自下拘之。客车不入大门。妇人不立乘。犬马不上于堂。

故君子式黄发③，下卿位。入国不驰，入里必式。君命召，虽贱人，大夫、士必自御之。介者不拜，为其拜而蓌拜。祥车旷左。乘君之乘车，不敢旷左，左必式。仆御妇人，则进左手，后右手。御国君，则进右手，后左手而俯。国君不乘奇车。车上不广欬，不妄指。立视五巂，式视马尾，顾不过毂。国中以策彗恤勿驱，尘不出轨。

国君下齐牛，式宗庙；大夫、士下公门，式路马。乘路马，必朝服，载鞭策，不敢授绥，左必式。步路马，必中道。以足蹙路马刍有诛，齿④路马有诛。

【注释】

①为日：为办事求吉日。

②奋：振去尘土。

③黄发：指老年人。

④齿：看马的牙齿以估计马的年龄。

【译文】

外事，要挑选奇数的日子进行，内事，要挑选偶数的日子进行。以卜筮挑选吉日，如选十天外的，命辞就说『远某日』；如选十天内的，命辞就说『近某日』。办丧事，要先占卜远日，办冠、婚娶等吉事，要先占卜近日。在占卜时的命辞说：『为选择良辰吉日，要借你这恒常灵验的大龟来占卜，要借你这恒常灵验的大蓍来占卜。』卜和筮都不能超过三次，卜过了就不要再筮，筮过了不要再卜。用龟甲来决定吉凶叫作『卜』，用蓍草来定吉凶叫作『筮』。所以卜与筮，这是先圣明君使人民信任选定的日子，崇敬鬼神，惧怕法令，使人民能决断疑虑的事，确定犹豫的事。因此说：『有了疑惑的事才去卜筮，就不会再有非议。卜筮已确定的日子，就一定要按时实施，就会有好结果的。』

国君将出行套车时，驭手要手执马鞭站立马前；套车完毕，驭手要环视车厢前及左右的木围栏并且试驾车。然后掸去衣上尘土，拉住自己用的登车绳索，从右边登车，跪在车上，双手分别抓住缰绳与马鞭，赶车前行，五步而停。国君出来坐车，驭手把缰绳及马鞭合并左手，用右手把国君登车拉手用的绳索递给国君，国君上车后，这时在两旁的臣下要躬身避让。车启动以后慢慢加快，到国门，国君按住驭者的手，回头叫陪乘护卫上车。但当经过国门、里门及沟渠时，陪乘护卫要下车行路。凡是驾车的人按照礼节，都得把登车的绳索给予车主。（但车主与驭者之间）如果驭者的身份比车主低，则车主能够接绥登车，否则，就不能接受。如果驭者身份比车主人身份低，车主可用一手按住驭者的手，另一手接住绳索；如果驭者身份与车主一样，车主就得从驭者之手的下方接住绳索。客人的车子不能进入主人家的大门，妇女乘车不能站立，客人呈献给主人的犬或马，不能直接牵至堂上。

因此国君乘车见到高龄人要行轼礼，经过卿的上朝位子要下车，进入国都不奔驰，进入里巷必定要行轼礼。国君派使者传命召唤，即使来传达君命的使者地位卑下，大夫、士也必定要亲自迎接。穿着铠甲的人不行跪拜礼，因为穿着笨重的铠甲行礼会因举止不便、动作失调而显得失礼。为妇人驾车，驾车者要坐在中央，妇人在左，为了避嫌，驾车者左手在前操控缰绳，右手在后，稍微侧身背对妇人。为国君驾车，驾车人居中，右手在前操控缰绳，左手在后，稍微俯身以示敬意。随葬的祥车要把左边的座位空下。臣子乘国君的车不敢将左边的座位空着，坐在车子的左位就要俯身凭轼以示谦逊。国君不乘式样邪僻不正的车。在车上不大声咳嗽，不任意指画。立乘在车上向前时只能看车轮五周的距离；行轼礼的时候看着马尾，回头看时目光不得超越车轴两端。在都城中用竹扫帚搔摩马身不要让马奔驰，要使车经过时灰尘不从车辙中飘扬出来。

国君路过宗庙要下车，看到祭牛要行轼礼。大夫、士经过国君门口要下车，看到国君的车马要行轼礼。乘国君的车马，必定要穿朝服，马鞭放置车上但而不敢用，并且不敢让驾车人给自己驾车的绳索，居于车左边的位子上必定要凭轼。徒步牵着君马行走时，必定要走在路中间。用脚践踏了君马的饲草要受惩罚，掰开马口数马齿以探看路马的年龄，要受责罚。

曲礼（下）

凡奉者当心，提者当带。执天子之器则上衡，国君则平衡，大夫则绥之，士则提之。

凡执主器，执轻如不克。执主器，操币、圭璧，则尚左手，行不举足，车轮曳踵。

立则磬折垂佩[①]。主佩倚则臣佩垂。主佩垂则臣佩委。执玉，其有藉者则裼，无藉者则袭。

国君不名卿老、世妇，大夫不名世臣、姪、娣。士不名家相、长妾。君大夫之子，不敢自称曰『余小子』[②]。

大夫、士之子，不敢自称曰『嗣子某』，不敢与世子同名。

君使士射，不能，则辞以疾，言曰：『某有负薪之忧。』

侍于君子，不顾望[③]而对，非礼也。

君子行礼，不求变俗。祭祀之礼，居丧之服，哭泣之位，皆如其国之故，谨修其法而审行之。去国三世，爵禄有列于朝，出入有诏于国，若兄弟宗族犹存，则反告于宗后。去国三世，爵禄无列于朝，出入无诏于国。唯兴[④]之日，从新国之法。

君子已孤不更名，已孤暴贵，不为父作谥。居丧，未葬读丧礼；既葬读祭礼；丧复常，读乐章。居丧不言乐，祭事不言凶，公庭不言妇女。

振书、端书于君前有诛。倒筴、侧龟于君前有诛。龟策、几杖、席盖、重素、袗絺绤，不入公门。苞屦、扱衽、厌冠⑤，不入公门。书方、衰、凶器，不以告，不入公门。公事不私议。

【注释】

①磬折：弯腰俯身。磬，乐器，形状如矩。垂：悬挂。

②余小子：意为天子居丧时自称，故君大夫之子应当避讳。

③顾望：看看周围。

④兴：起。指被提拔做了他国的卿大夫。

⑤苞屦：居丧穿的草鞋。扱（chā）衽：把上衣的前襟掖之于腰带。厌（yā）冠：丧冠。

【译文】

凡拿东西的人双手应处于心口的位置；凡提东西的人手要上屈到腰带处。为天子拿器物，双手要上举高于心，为国君拿器物，双手要与心齐平；为大夫拿器物，双手要低于心；为士拿器物就用手提在腰际。

凡为主人拿器物，尽管拿很轻的器物也要像拿不动的样子。为主人拿器物，如拿币帛、瑞玉时，要让左手在上，右手在下；行走抬脚，要如同车轮着地那样拖着脚后跟行走。

站立的时候要弯着腰使佩玉垂下。主人直立而使佩玉在身上，臣就要弯腰使佩玉垂下；君弯腰使佩玉垂下，臣就要俯身使佩玉垂至地面。（行聘礼时）拿玉器，假如玉器下边有衬托物，就要解开正服前襟露出里边的裼衣，没有衬托物就要遮好正服前襟。

国君不直呼上卿、媵的名字。大夫不直呼父时老臣、随妻嫁来的妻的侄女、妹妹的名字，士人不直呼家里面操持礼节仪式的人和长妾的名字。国君和大夫的儿子，居丧不可自称『余小子』。大夫、士的儿子，不可自称『嗣子某』，也不可和国君的儿子名字一样。

君主让士人射箭，假如士人不能，就要用患疾病来推却，说：『我背柴累病了。』

服侍道德高尚的人，君子发问时，不看看四周（是否有胜过自己的人）就抢先回答，这是不合乎礼的。

君子移居他国，行礼时不要求变化故国的风俗习惯。祭祀的礼仪，居丧的服饰，哭泣的位置，都依照自己国家原来的礼节。谨慎地遵从故国的礼法，并且审慎地实行。离开国家已经有三代了，还有爵位和俸禄在朝廷里，那么有吉凶之事仍要通告故国。如果故国还有兄弟宗族在，（遇有喜事或丧事）仍要向故国的族长汇报。假如离开故国已经三代，没有爵位和俸禄在朝廷里，有吉凶之事就不用向故国国君禀报了。但只有在新国做了卿大夫的时候，才遵守新国家的礼法。

君子死了父亲就不再变换名字，父亲死后尽管大显贵，也不为亡父作拟美谥。守丧而未出葬，研读关于丧礼的书；葬后，研读关于祭礼的书；服丧恢复正常后，可研读关于诗乐的书。守丧期间不谈乐事，祭祀时不谈凶事，办公的地方不谈及妇女之事。

在国君面前掸去文书上的灰尘，或者在国君面前收拾文书，要受责罚。在国君面前颠倒或拿反占卜用的筮策与龟甲，也要受责罚。拿着龟策、几杖、席盖，或通身着素，好像凶服，或只穿一层单布内衣的人，皆不能进入朝廷大门。穿着草编的丧鞋，戴着丧冠，将衣服前襟扎在腰带里的人，也不能进入朝廷大门。

登记助丧者姓名及赠送物品的木板、孝服、明器，也不能进入朝廷大门。公家的事不能私下议论。

君子将营宫室，宗庙为先，厩库为次，居室为后。凡家造，祭器为先，牺赋①为次，养器为后。无田禄者不设祭器，有田禄者先为祭服。君子虽贫，不粥祭器；虽寒，不衣祭服；为宫室，不斩于丘木。

大夫、士去国，祭器不逾竟。大夫寓祭器于大夫，士寓祭器于士。大夫、士去国，逾竟，为坛位，乡国而哭，素衣、素裳、素冠，彻缘②，鞮屦，素簚，乘髦马，不蚤鬋，不祭食，不说人以无罪，妇人不当御③，三月而复服。

大夫、士见于国君，君若劳之，则还辟，再拜稽首；君若迎拜，则还辟，不敢答拜。大夫、士相见，虽贵贱不敌，主人敬客则先拜客，客敬主人则先拜主人。凡非吊丧，非见国君，无不答拜者。大夫见于国君，国君拜其辱；士见于大夫，大夫拜其辱。同国始相见，主人拜其辱。君于士，不答拜也；非其臣，则答拜之。大夫于其臣，虽贱，必答拜之。男女相答拜也。

国君春田不围泽④，大夫不掩群，士不取麛卵。岁凶，年谷不登，君膳不祭肺，马不食谷，驰道不除，祭事不县；大夫不食粱；士饮酒不乐。君无故玉不去身，大夫无故不彻县，士无故不彻琴瑟。

士有献于国君，他日，君问之曰：『安取彼？』再拜稽首而后对。大夫私行出疆，必请，反必有献。士私行出疆，必请，反必告。君劳之，则拜；问其行，拜而后对。

国君去其国，止之曰：『奈何去社稷也！』大夫，曰：『奈何去宗庙也！』士，曰：『奈何去坟墓也！』

国君死社稷，大夫死众⑤，士死制。

【注释】

①牺赋：大夫向采邑的人们以赋税形式征收供祭祀用的牲畜。

②缘：衣服上彩色的镶边。

③御：接近。

④田：打猎。泽：草木茂盛的狩猎场所。

⑤死众：应与兵众同存亡。众指兵众，大夫为君统帅部队。

【译文】

国君将要建造宫室，应当先建宗庙，其次建马厩、仓库，最后才建自己的居室。大夫将要置办器物用具，应该先造祭器，接着是征收祭祀用牲，最后才造自己日用生活用具。没有田产俸禄的人，不置办祭器，有田产俸禄的人，先要准备祭服。君子虽贫，不能售卖祭器；虽寒，不能穿祭服御寒；建造宫室，不能从坟地砍伐树木。

大夫、士因进谏国君不从而出走离国，自家的祭器不能带出国境。大夫的祭器存放在本国其他大夫家，士的祭器存放在本国其他士家。大夫、士离国，出了国境要设立坛位，面向祖国而哭，穿戴着素色的上衣、下裳、帽子，拆卸衣裳和帽子上的彩色镶边，穿着没有装饰的草鞋，车轼上盖上白狗皮，乘坐不剪不剃鬃毛的马驾车，不修剪手脚指甲和胡须头发，吃饭不行食前祭礼，不对人说自己无罪，不与妇人行房事，三个月之后恢复正常生活。

大夫、士觐见别国国君，国君如果前来亲自慰劳，大夫、士要闪身躲开，并再拜叩头。国君如果在门外迎而拜之，大夫、士也要闪身躲开，表示不敢接纳其拜，自然也不答拜。不同国家的大夫与士相见，虽然身份不相等，但如果主人尊敬客人，就先拜客；如果客人尊敬主人，就先拜主人。总之，只要不是吊丧，不是士觐见本国国君，受拜者都必须回拜。大夫觐见别国国君，国君要行拜礼感恩他的屈驾光临。士进觐别国大夫，大夫也要这样行礼。同国之人初次相见，就不管身份高低，应由主人先拜，感谢客人的光临。国君对于本国的士，因地位差别，不必答拜；但对于他国的士，因为不是自己的臣子，则要答拜。大夫不可和国君相比，对于自己的家臣，不管其贵贱，都要答拜。男女尽管有别，但彼此答拜的礼也不可少。

春天，国君打猎不合围猎物，大夫打猎不可将野兽成群包围而捕杀，士打猎不可捕捉幼鹿、不可到鸟巢掏鸟蛋。遭逢水旱灾害的年岁，粮食歉收，国君用餐时不杀牲取肺做祭奠，不给马匹喂食谷物，驰道不加以修治，举办祭祀活动不用钟、磬等乐器伴奏；大夫吃饭不加食稻粱；士宴会饮酒不奏乐。国君没有灾难、祸患、丧事或伤病等特别的原因，佩玉不会离身；大夫没有特别的原因，不撤除家中悬挂的钟磬；士没有特别的原因，不撤除屋内摆设的琴瑟。

士有东西进献国君，过些天君问士说：『从哪里获得的那些东西？』士要再拜磕头而后回答。大夫因私事出国，必定要先请示国君，返回后必定要对国君有所馈献。士因私事出国，必定要先请示国君，返回后必定要向国君报告。国君对回国的大夫、士以示慰问，大夫、士就要向国君行拜礼；国君问大夫、士途中的情况，大夫、士要先行拜礼而后答复。

国君要离开自己的国家，臣民就劝阻他说：『怎么能放下自己的国家啊！』如果是大夫要逃离，就劝阻他说：『怎么能抛下自己的宗庙啊！』如果是士人要逃离，就劝阻他说：『怎么能不顾虑自己的祖坟啊。』

国君要为保护国家而死，大夫要为率众统军而死，士人要为遵行国君的教令而死。

君天下，曰『天子』。朝诸侯，分职，授政，任功，曰『予一人』。践阼，临祭祀，内事曰『孝王某』，外事曰『嗣王某』。临诸侯，畛于鬼神，曰『有天王某甫』。崩，曰『天王崩』；复，曰『天子复矣』。告丧，曰『天王登假』。措之庙，立之主，曰『帝』。天子未除丧，曰『予小子』。生名之，死亦名之。

天子有后，有夫人，有世妇，有嫔，有妻，有妾。

天子建天官，先六大，曰大宰、大宗、大史、大祝、大士、大卜，典司六典。天子之五官，曰司徒、司马、司空、司士、司寇，典司五众。天子之六府[①]，曰司土、司木、司水、司草、司器、司货，典司六职。天子之六工，曰土工、金工、石工、木工、兽工、草工，典制六材。

五官致贡曰『享』[②]。五官之长曰『伯』，是职方。其摈于天子也，曰『天子之吏』。天子同姓谓之『伯父』，异姓谓之『伯舅』。自称于诸侯，曰『天子之老』，于外曰『公』，于其国曰『君』。九州之长，入天子之国曰『牧』。天子同姓谓之『叔父』，异姓谓之『叔舅』。于外曰『侯』，于其国曰『君』。其在东夷、北狄、西戎、南蛮，虽大曰『子』。于内自称曰『不穀』，于外自称曰『王老』。庶方小侯，入天子之国曰『某人』，于外曰『子』，自称曰『孤』。

天子当依[③]而立，诸侯北面而见天子，曰『觐』。天子当宁而立，诸公东面，诸侯西面，曰朝。诸侯未及期相见曰『遇』，相见于郤地曰『会』。诸侯使大夫问于诸侯曰『聘』，约信曰『誓』，莅牲曰『盟』。诸侯见天子，曰『臣某侯某』，其与民言，自称曰『寡人』。其在凶服，曰『适子孤』。临祭祀，内事曰『孝子某侯某』，外事曰『曾孙某侯某』。死曰『薨』，复曰『某甫复矣』。既葬见天子，曰『类见』，言谥曰『类』。诸侯使人使于诸侯，使者自称曰『寡君之老』。

天子穆穆，诸侯皇皇，大夫济济，士跄跄，庶人僬僬。天子之妃④曰『后』，诸侯曰『夫人』，大夫曰『孺人』，士曰『妇人』，庶人曰『妻』。公、侯有夫人，有世妇，有妻，有妾。夫人自称于天子曰『老妇』，自称于诸侯曰『寡小君』，自称于其君曰『小童』。自世妇以下，自称曰『婢子』。子于父母则自名也。

【注释】

①六府：储藏六种赋税物品的府库。

②享：呈献。

③依：绣有斧纹的屏风。

④妃：天子的配偶。

【译文】

君临天下，称为『天子』。天子朝会诸侯，分派职务，授予政事，委任工作时，自称『予一人』。天子上阼阶登王位，主持祭祀，若是祭祀宗庙祖先就称为『孝王某』，若是郊外祭祀天地神祇就称为『嗣王某』。天子视察诸侯国，向当地鬼神致祭祝告时，称为『有天王某甫』。天子去世，称为『天王崩』；为天子招魂，称为『天子复矣』。为天子发讣告，称为『天王登遐』。安置天子灵位于宗庙，为他树立神主，称为『帝』。继位天子守丧而尚未除丧时，称为『予小子』。继位天子守丧时称为『小子王某』，如果守丧期间死亡也称为『小子王某』。

天子内官有后，有夫人，有世妇，有嫔，有妻，有妾。

天子设置天官，先设六个太官，就是太宰、太宗、太史、太祝、太士、太卜，掌管相关的六种法典。

天子所设的五官，称为司徒、司马、司空、司士、司寇，掌控五个方面的臣属。天子设立的六府之官，称为司土、司木、司水、司草、司器、司货，掌管征收六种赋税。天子设立的六种工官，称为土工、金工、石工、木工、兽工、草工，掌控六个方面的器材和制作。

五官向天子报告功绩，进献物品称为『享』。五官之长称为『伯』，是主管国家一方的大吏。天子的傧相通报时要称之为『天子之吏』。假如伯是天子的同姓，天子就称之为『伯父』，假如和天子是异姓，天子就称之为『伯舅』。伯对其他诸侯，自称『天子之老』，国外的人称他为『公』，国内的臣民称他为『君』。九州诸侯的首领，进入天子畿内，自称为『牧』。牧若是天子的同姓，天子就称之为『叔父』，假如和天子是异姓，天子就称之为『叔舅』。国外的人称他为『侯』；国内的臣民称他为『君』。其他四夷的诸侯的首领，如觐见天子，仍称之为『子』，自称之为『不谷』，在国外，自称为『王老』。对于散处四夷的小诸侯，进入天子畿内，自称为『某人』。在国外，自称为『子』，在国内，自称为『孤』。

天子在斧扆前，向南而立，诸侯则面向北跪拜而见天子，这称为『觐』。天子站在屏风之间，诸公在西而面向东，诸侯在东而面向西，依次升阶跪拜稽首见天子，这称为『朝』。诸侯之间没有预先约好而相见，称为『遇』，在国境上相见，称为『会』。诸侯派大夫到另一国表示问候的礼节称为『聘』。诸侯相互订立信用的盟约称为『誓』，面对神灵杀牲缔结条约称为『盟』。诸侯拜见天子自称『臣某侯某』，与百姓言谈，自称『寡人』。诸侯在服丧期间对别的诸侯自称『嫡子孤某』。诸侯操持祭祀的时候，祭祀祖先就自称『孝子某侯某』，祭奠天地就自称『曾孙某侯某』。诸侯死称『薨』，招魂时喊『某甫复矣』。登位的诸侯在下葬后拜见天子称『类见』，即将出葬时向天子请赐谥号称『类』。诸侯派人出往别的诸侯国，出往的人自称『寡君之老』。

天子的神态深沉肃穆，诸侯的仪容显赫盛大，大夫的样子整齐庄严，士的样子从容舒展，庶人的样子匆忙急促。天子的配偶称为『后』，诸侯的配偶称『夫人』，大夫的配偶称『孺人』，士的配偶称『妇人』，庶人的配偶称『妻』。公、侯有夫人、世妇、妻、妾。公侯夫人对天子自称『老妇』，对诸侯自称『寡小君』，对自己国君自称『小童』。从世妇往下，都自称『婢子』。子女在父母面前称自己的名字。

列国之大夫，入天子之国，曰『某士』，自称曰『陪臣某』。于外曰『子』，于其国曰『寡君之老』。使者自称曰『某』。

天子不言出，诸侯不生名①。君子不亲恶。诸侯失地，名；灭同姓，名。

为人臣之礼，不显谏②，三谏而不听，则逃之。子之事亲也，三谏而不听，则号泣而随之。

君有疾饮药，臣先尝之。亲有疾饮药，子先尝之。医不三世，不服其药。

儗人必于其伦③。问天子之年，对曰：『闻之，始服衣若干尺矣。』问国君之年，长，曰：『能从宗庙、社稷之事矣。』幼，曰『未能从宗庙、社稷之事也』。问大夫之子，长，曰『能御矣』；幼，曰『未能御也』。问士之子，长，曰：『能典谒矣』；幼，曰『未能典谒也』。问庶人之子，长，曰『能负薪矣』；幼，曰：『未能负薪也』。问国君之富，数地以对，山泽之所出。问大夫之富，曰『有宰食力，祭器、衣服不假』。

问士之富，以车数对。问庶人之富，数畜以对。

天子祭天地，祭四方，祭山川，祭五祀，岁遍。诸侯方祀，祭山川，祭五祀，岁遍。大夫祭五祀，岁遍。士祭其先。

凡祭，有其废之，莫敢举也；有其举之，莫敢废也。非其所祭而祭之，名曰『淫祀』。淫祀无福。

天子以牺牛④，诸侯以肥牛，大夫以索牛，士以羊、豕。支子不祭，祭必告于宗子。

凡祭宗庙之礼，牛曰『一元大武』⑤，豕曰『刚鬣』，豚曰『腯肥』，羊曰『柔毛』，鸡曰『翰音』，犬曰『羹献』，雉曰『疏趾』，兔曰『明视』，脯曰『尹祭』，槁鱼曰『商祭』，鲜鱼曰『脡祭』，水曰『清涤』，酒曰『清酌』，黍曰『芗合』，粱曰『芗萁』，稷曰『明粢』，稻曰『嘉蔬』，韭曰『丰本』，盐曰『咸鹾』，玉曰『嘉玉』，币曰『量币』。

【注释】

①不生名：指诸侯活着时不能称他的名，因为称名不尊敬。

②显谏：直截了当地指出错误。

③儗（nǐ）：比。伦：类。

④牺牛：纯毛色的牛。

⑤一元大武：指一头大肥牛。元，头。武：足迹。

【译文】

各诸侯国的大夫，进入天子王城内就自称『某士』，见到天子时则自称『陪臣某』。大夫在别的诸侯国，人们敬称他为『子』，而本国人向别国人介绍他时称他为『寡君之老』。大夫身为使者出使外国时则自称名为『某』。

天子即使出居他国，史书不能记为『出』。诸侯活着的时候史书不能记载他们的名字。如果天子和诸侯有恶行，君子就要秉笔直书，不能隐藏他们的恶行。诸侯失去国土是大恶，史书要直书其名加以记载；诸侯残害同胞是大恶，史书要直书其名加以记载。

作为人臣的礼，不能当众指责国君的过失。如果再三进谏而国君还不接受，就离去。儿子侍奉父母，再三劝谏父母还不接受，就哭泣着跟从父亲。

君主生病吃药的时候，臣下要先尝药。父母生病吃药的时候，儿子要先尝药。行医不超过三代的，不服用他的药。

比人必定要和他的同类人相比。问天子的年龄，答复说：『听说开始穿几尺长的衣服了。』问国君的年龄，假如国君已行冠礼，就说：『能操持宗庙和国家的祭祀了。』假如国君未行冠礼，就说：『还不能操持宗庙和国家祭祀。』问大夫的儿子的年龄，假如儿子已行冠礼，就说：『能驾车了。』假如儿子未行冠礼，就说：『还不能驾车。』问士的儿子的年龄，假如已行冠礼，就说：『能操持接待宾客并传话了。』假如未行冠礼，就说：『还不能操持接待宾客并传话。』问庶人的儿子的年龄，假如儿子已行冠礼，就说：『能背柴了。』假如未行冠礼，就说：『还不能背柴。』若有人问起国君的财富，可先答复国土的总面积，再答复山泽的各种出产。若问起大夫的财富，能够回答：『有采地若干，采地百姓供给的赋税有若干，祭器祭服不用借。』若问起士的财富，可回答士拥有的车数。若问起庶人的财富，可回答他拥有的牲口数。

天子祭祀天地之神，祭祀四方之神，祭祀山川之神，祭祀户、灶、中霤、门、行五神，一年遍祭一次。诸侯在封国内祭祀，祭祀山川，祭祀五神，一年遍祭一次。大夫祭祀五神，一年遍祭一次。士人祭祀各自的祖先。

凡是祭祀，已经废除的就不能再举行；已经举行的，就不能废止祭祀。不是自己应该祭祀的却祭祀了，叫作「过度的祭祀」。过度的祭祀不能获得福祐。

天子祭祀用毛色一样的牛，诸侯用特别喂养的肥牛，大夫用普通的牛，士人用羊或猪。嫡长子以外的诸子不主持宗庙祭祀，如果有特殊原因主持祭祀，要事先禀报嫡长子。

凡祭宗庙之礼，各种祭品皆有美名。牛称作「一元大武」，猪称作「刚鬣」，小猪称作「腯肥」，羊称作「柔毛」，鸡称作「翰音」，犬称作「羹献」，雉称作「疏趾」，兔称作「明视」，干肉称作「尹祭」，干鱼称作「商祭」，鲜鱼称作「脡祭」，水称作「清涤」，酒称作「清酌」，黍称作「芗合」，粱称作「芗萁」，稷称作「明粢」，稻称作「嘉蔬」，韭菜称作「丰本」，盐称作「咸鹾」，玉称作「嘉玉」，币称作「量币」。

天子死曰「崩」，诸侯曰「薨」，大夫曰「卒」，士曰「不禄」，庶人曰「死」。在床曰「尸」，在棺曰「柩」。羽鸟曰「降」，四足曰「渍」。死寇曰「兵」①。祭王父曰「皇祖考」，王母曰「皇祖妣」。父曰「皇考」，母曰「皇妣」，夫曰「皇辟」。生曰「父」、曰「母」、曰「妻」，死曰「考」，曰「妣」、曰「嫔」。寿考曰「卒」，短折曰「不禄」。

天子视，不上于袷②，不下于带；国君绥视；大夫衡视；士视五步。凡视，上于面则敖，下于带则忧，倾则奸。

君命，大夫与士肄③。在官言官，在府言府，在库言库，在朝言朝。朝言不及犬马。辍朝而顾，不有异事，必有异虑，故辍朝而顾，君子谓之『固』。在朝言礼，问礼，对以礼。

大飨不问卜，不饶富。

凡挚，天子鬯，诸侯圭，卿羔，大夫雁，士雉，庶人之挚匹④。童子委挚而退。野外军中无挚，以缨、拾、矢可也。妇人之挚，椇、榛、脯、脩、枣、栗。

纳女⑤于天子，曰『备百姓』；于国君，曰『备酒浆』；于大夫，曰『备扫洒』。

【注释】

①兵：指因捍卫国家抵御敌寇而死的人。

②袷：衣领交叠的地方。

③肄：研习。

④匹：家鸭。

⑤纳女：出嫁女儿。

【译文】

天子去世，文告上称『崩』，诸侯死称『薨』，大夫死称『卒』，士死称『不禄』，庶人死称『死』。死者还在床上，称为尸，死者已经入棺称为『柩』。飞鸟死称『降』，四足之兽死称『渍』。为保护国家而牺牲者，称『烈士』。祭祀过世的祖父，称他为『皇祖考』，祖母则称她为『皇祖妣』，父则称他为『皇考』，母则称她为『皇妣』，丈夫则称他为『皇辟』。在世的时候，要用『父』『母』『妻』这些字眼，去世以后，要分别改用『考』『妣』『嫔』的字眼。对于有道德而没有出来做官的人，如果是年老自然死亡，就对照大夫称为『卒』，假如是短命夭折的，就对照士称为『不禄』。

臣下面向天子时，眼看天子衣领之下，但不能低于天子的腰带；臣下看国君，视线在国君的面部下方；面对大夫，可视其面部，看士，视线可到达五步之内。凡看人，视线高于面部，显得高傲，低于腰带，则显忧愁，而斜眼看人，又显得心中不正。

国君下的命令，大夫和士人要认真揣摩。在官衙中说官衙中的事，在府中说府中的事，在库中说库中的事，在朝廷上说朝廷的事。在朝廷之上谈话不能涉及狗或马之类的东西。散朝又回头看，没有其他的事，就一定有异常的念头，君子认为这是不合乎礼仪的行为叫『固』。在朝廷上谈话要注重依礼：发问要依礼，回答的时候也要依礼。

举办大飨之礼不需要占卜，礼数仪节不要过度周备就好。

凡见面用的礼物，天子用鬯酒，诸侯用圭，卿用羊羔，大夫用雁，士用雉，庶人用鸭子。童子赠给老师的见面礼，不用亲手递交，放到地上就退避到一边，不行授受之礼。军人在野外军中很难置办合适的见面礼物，因地制宜，用马缨、射鞲和箭代替也行。妇人的见面礼，是椇、榛子、肉脯、长条肉干、枣子、栗子。

嫁送女儿给天子作嫔妃，当说『备百姓』。嫁送女儿给国君，当说『备酒浆』。嫁送女儿给大夫，当说『备扫洒』。

檀弓（上）

公仪仲子之丧，檀弓免焉。仲子舍其孙而立其子，檀弓曰：『何居[①]？我未之前闻也。』趋而就子服伯子于门右，曰：『仲子舍其孙而立其子，何也？』伯子曰：『仲子亦犹行古之道也。昔者文王舍伯邑考而立武王，微子舍其孙腯而立衍也。夫仲子亦犹行古之道也。』子游问诸孔子，孔子曰：『否！立孙。』

事亲有隐而无犯，左右就养无方，服勤[②]至死，致丧三年。事君有犯而无隐，左右就养有方，服勤至死，方丧三年。事师无犯无隐，左右就养无方，服勤至死，心丧三年。

季武子成寝，杜氏之葬在西阶之下，请合葬焉，许之。入宫而不敢哭。武子曰：『合葬非古也，自周公以来，未之有改也。吾许其大而不许其细，何居？』命之哭。

子上之母死而不丧。门人问诸子思曰：『昔者子之先君子丧出母[③]乎？』曰：『然。』『子之不使白也丧之，何也？』子思曰：『昔者吾先君子无所失道。道隆则从而隆，道污则从而污，伋则安能？为伋也妻者，是为白也母；不为伋也妻者，是不为白也母。』故孔氏不丧出母，自子思始也。

孔子曰：『拜而后稽颡，颓乎其顺也；稽颡而后拜，颀乎其至也。三年之丧，吾从其至者。』

孔子既得合葬于防，曰：『吾闻之，古也墓而不坟。今丘也，东西南北之人也，不可以弗识也。』于是封[④]之，崇四尺。孔子先反，门人后，雨甚至，孔子问焉，曰：『尔来何迟也？』曰：『防墓崩。』孔子不应。三，孔子泫然流涕曰：『吾闻之，古不修墓。』

孔子哭子路于中庭。有人吊者，而夫子拜之。既哭，进使者而问故。使者曰：『醢之矣。』遂命覆醢。

曾子曰：『朋友之墓，有宿草而不哭焉。』

子思曰：『丧三日而殡，凡附于身者，必诚必信，勿之有悔焉耳矣。三月而葬，凡附于棺者，必诚必信，勿之有悔焉耳矣。丧三年以为极，亡则弗之忘矣。故君子有终身之忧，而无一朝之患。故忌日不乐。』

孔子少孤，不知其墓。殡于五父之衢。人之见之者，皆以为葬也。其慎也，盖殡也。问于郰曼父之母，然后得合葬于防。

邻有丧，舂不相；里有殡，不巷歌。

丧冠不緌。有虞氏瓦棺，夏后氏堲⑤周，殷人棺椁，周人墙置翣。

【注释】

①居（jī）：句末语气词，表疑问。

②服勤：服侍父母、承受劳辱之事。

③出母：被解除了婚姻关系的母亲。

④封：堆土筑坟。

⑤堲：烧土为砖。

【译文】

公仪仲子的嫡长子死了，檀弓束着绝发前去吊丧。仲子不立嫡孙而立庶子为丧主，因此檀弓说：『这到底是为什么呀？我还从来没有听闻过周人有这样的礼俗。』于是快速走到门的东边，问子服伯子说：『仲子不立嫡孙，而立庶子为丧主，这是什么原因呢？』伯子说：『仲子只不过是依照前人的规矩办事罢了！以前周文王不立嫡子伯邑考，而立武王，宋微子不立嫡孙腯，而立庶子衍。仲子只不过是依据前人的规矩办事罢了。』后来，子游向孔子求教这件事，孔子说：『不对！应当立嫡孙为丧主。』

侍奉父母能够为父母隐瞒过失而不能对父母犯颜直谏，或在左，或在右，服侍父母无固定位置，勤劳服侍到父母死，极尽哀伤服丧三年。侍奉国君能够犯颜直谏而不能为君隐瞒过失，或在左，或在右，服侍国君有固定位置，勤恳服侍到国君死，比照于父母服丧三年。侍奉老师不能犯颜直谏也不能隐瞒老师的过错，或在左，或在右，服侍老师无固定位置，勤恳服侍直到老师死，不穿丧服，但忧戚悲伤之容像死了父亲一样，在心里悼念三年。

季武子建造一座住宅，其宅地原是杜氏墓地，杜家有人就埋在西阶之下。杜家新死了人，请求季武子准许迁出合葬，季武子应允了。杜氏后人进入季武子的宅院不敢哭泣。季武子说：『合葬不是古制。自周公以来才有合葬，后来再没变化。我既然准许杜家人迁墓合葬，而不准许杜家人哭泣，是何道理？』因此让他们尽情哭泣。

子上的母亲去世，但子上没有为她穿孝服。子思的门人感觉迷惑不解，就求教子思说：『以前您的先祖让儿子为离异的母亲戴孝吗？』子思回答说：『戴孝。』门人又问：『那么您不让您的儿子子上为已离异的母亲戴孝，是为什么？』子思回答说：『从前祖父的行为并不失礼。依礼，该提升规格时就提升，该降低规格时就降低。我孔伋怎么敢和先父比较呢？我的原则是：只要是我孔伋的妻子，当然也就是阿白的母亲；只要不是我孔伋的妻子，当然也就不是阿白的母亲。』因此，孔家的人不为离异的母亲戴孝，是从子思开始的。

孔子说：『三年之丧，孝子有两种拜法。一种是先拜而后叩首，这种拜法突出了对宾的尊敬，于礼为顺。一种是先叩首而后拜，这种拜法突出了孝子的哀思。三年之丧，应强调的是哀伤之心，因此我赞成后一种拜法。』

孔子终于把父母合葬于防以后，说：『我听说，古时的墓地上是不堆土为坟的。现在我是个四处奔走的人，不能不做个标志。』于是就在墓地上积土，高四尺。孔子先从墓地回家，弟子们还在墓地照顾，一阵大雨之后，弟子们才回家。孔子问他们，说：『你们怎么回来得如此迟？』弟子们回答说：『防地的墓因雨而倒塌了，我们在那里修墓。』孔子没有作声。弟子们认为孔子没有听见，连说了三遍。这时，孔子才伤心地流下眼泪，说：『我听说过，古人是不在墓上推土的。』

孔子在正室前的庭里哭子路。有人来看望，孔子就以丧主的身份回拜。哭过之后，孔子接见从卫国来报信的使者，问子路死的情况。使者说：『已经砍成肉酱了。』孔子听了，就让人把正准备吃的肉酱倒掉，不忍吃它。

曾子说：『朋友的墓上有了隔年的草，就不可再哭了。』

子思说：『人去世三天之后就行殡礼，凡是要随尸体入殓的衣衾等物，必定要按照殡礼的规定真诚信实地去举办，不要让自己以后有所懊悔。三个月之后下葬，凡要随棺殉葬的明器，必定要按照葬礼的要求真诚信实地去举办，不要让自己以后有所懊悔。服丧以三年为期限，但孝子还是不能忘记亲人。因此君子一辈子都怀有对亲人哀思的感情，但却没有一天因哀思而毁掉自己的本性。因此只有在忌日这一天才不奏乐。』

孔子很小的时候父亲就去世了，不知道父亲墓地所在。孔子的母亲去世后，孔子将母亲的灵柩停放在五父之衢。别人看见了，都以为是要下葬了。其实是孔子为慎重起见将母亲的灵柩暂时安居。孔子询问了母亲以前的邻居鄹曼父的母亲，知道了父亲墓地的所在，然后将母亲与父亲合葬于防地。

邻居有丧事，舂米时不唱歌；邻里在出丧，巷子里就没有歌声。

报丧所戴的丧冠，冠缨应在颔下打好结，不要使剩余部分下垂。有虞氏用瓦棺，夏代在瓦棺四周砌砖，殷人用木制棺椁，周人在棺椁外放置柳和翣扇。

周人以殷人之棺椁葬长殇，以夏后氏之堲周葬中殇、下殇，以有虞氏之瓦棺葬无服之殇[①]。

夏后氏尚黑，大事[②]敛用昏，戎事乘骊，牲用玄。殷人尚白，大事敛用日中，戎事乘翰，牲用白。周人尚赤，大事敛用日出，戎事乘騵，牲用骍。

穆公之母卒，使人问于曾子曰：『如之何？』对曰：『申也闻诸申之父曰：「哭泣之哀，齐、斩之情，饘粥之食，自天子达。布幕，卫也；缪幕[③]，鲁也。」』

晋献公将杀其世子申生，公子重耳谓之曰：『子盖言子之志于公乎？』世子曰：『不可。君安骊姬，是我伤公之心也。』曰：『然则盖行乎？』世子曰：『不可。君谓我欲弑君也。天下岂有无父之国哉！吾何行如之？』使人辞于狐突曰：『申生有罪，不念伯氏之言也，以至于死。申生不敢爱其死。虽然，吾君老矣，子少，国家多难，伯氏不出而图吾君，伯氏苟出而图吾君，申生受赐而死。』再拜稽首，乃卒。是以为共世子也。

鲁人有朝祥[④]而莫歌者，子路笑之。夫子曰：『由，尔责于人，终无已夫！三年之丧，亦已久矣夫！』子路出，孔子曰：『又多乎哉！逾月则其善也。』

鲁庄公及宋人战于乘丘，县贲父御，卜国为右。马惊败绩，公队，佐车授绥。公曰：『末之卜也！』县贲父曰：『他日不败绩，而今败绩，是无勇也。』遂死之。圉人浴马，有流矢在白肉。公曰：『非其罪也。』遂诔之。士之有诔，自此始也。

曾子寝疾，病。乐正子春坐于床下，曾元、曾申坐于足，童子隅坐⑤而执烛。童子曰：「华而睆，大夫之箦与？」子春曰：「止！」曾子闻之，瞿然曰：「呼！」曰：「华而睆，大夫之箦与？」曾子曰：「然。斯季孙之赐也，我未之能易也。元起易箦！」曾元曰：「夫子之病革矣，不可以变。幸而至于旦，请敬易之。」曾子曰：「尔之爱我也不如彼。君子之爱人也以德，细人之爱人也以姑息。吾何求哉？吾得正而毙焉，斯已矣。」举扶而易之。反席未安而没。

【注释】

①无服之殇：七岁以下的夭亡者。

②大事：指丧事。

③幕：覆盖在榨材上的织物。

④祥：除丧的祭礼。守丧十三个月，孝子除首服，换练冠，叫小祥。守丧二十五个月，除丧服，叫大祥。这里指大祥。

⑤隅坐：坐在角落。

【译文】

周人用殷代的棺椁来葬十六岁到十九岁的夭亡者，用夏代的塈周埋葬八至十五岁的夭亡者，用舜时的瓦棺葬七岁以下的夭亡者。

夏后氏重视黑色，丧事入殓在黄昏时候，军事行动乘黑马，祭祀用黑牲。殷人重视白色，丧事入殓在中午时候，军事行动乘白马，祭祀用白牲。周人重视赤色，丧事入殓用日出时候，军事行动乘赤色的马，祭祀用赤牲。

鲁穆公的母亲去世了，派人去向曾子请教说：『丧事该怎么办？』曾子回答说：『我父亲说过：通过哭泣来抒发悲伤，穿着齐衰、斩衰丧服表达的是哀悼之情，通过喝粥度日来显示孝子的食不甘味，所有这些，上自天子，下至庶人，不分贵贱，全是一样的。用布来做覆盖在棺上的幕，这是卫国的风俗；用帛来做覆盖在棺上的幕，这是鲁国的风俗。』

晋献公将杀他的太子申生。公子重耳对申生说：『您何不向公表述自己被诬陷的呢？』太子说：『不行。君以骊姬为快乐，我如说出自己被陷害的事实就会伤公的心。』重耳说：『那么为何不出走呢？』太子说：『不行。君说我想弑君，天下难道有不要父亲的国家？有谋害父亲的恶名，我还能逃到何处去呢？』申生派人去向狐突致辞说：『申生有罪，没有听取伯氏的话，以致身陷死亡的境地。申生不敢贪生怕死。但是，我君已经老了，奚齐年纪还小，国家多危险，伯氏又不出来辅佐国君，伯氏如果肯为国君出谋划策，那就是我申生受伯氏的恩赐而情愿去死了。』申生行再拜稽首礼，于是自杀了。由于申生对国君百依百顺，固此给他的谥号为『恭』，称为『恭世子』。

鲁国有人在早上才行过大祥祭，脱去丧服，到了晚上就唱起歌来，子路就嘲笑他。孔子说：『由，你责骂别人，总是没完没了！三年的丧期，也已经很久了啊。』子路走了之后，孔子又说：『那个人又哪里需要等多久呢？只要一个月之后再唱歌，就很好了。』

鲁庄公与宋人在鲁地乘丘作战，县贲父任驭手，卜国任车右。马突然受惊，庄公从车上坠落，驾驭副车的人把拉手车绳交给庄公。庄公说：『可能是我事先没有占卜选择驭手的原因。』县贲父却说：『从前驾战车马从未受惊翻车，而今马却受惊而翻车，是缺乏勇气的原因。』于是，冲向敌阵，力战而死。（宋师大败）作战结束后，养马人洗马时发现有流矢在马腿肉里。庄公说：『的确不是县贲父的过失。』因此为他作诔哀悼。士这个阶层有诔文，是从这开始的。

曾子卧病在床，病得很严重。他的弟子乐正子春坐在床下，他的儿子曾元、曾申坐在脚旁，一个小孩子坐在角落里，手拿火烛。小孩子看到曾子身下的竹席，便说：『多么美丽光滑呀！是大夫用的竹席吧？』子春说：『别作声！』曾子听到了，突然惊醒过来，有气无力地出了口气。小孩子又说：『多么美丽光滑呀！是大夫用的竹席吧？』曾子说：『是的。这是季孙送的，因为我病重，没能把它换掉。元啦，起来把席子换掉！』曾元说：『您老人家的病已经很危险了，不能够移动。希望能等到天亮，再为您换了它。』曾子说：『你爱我的心意还比不上那个小孩子。君子爱人是考虑怎样成全他的美德，小人爱人，则是考虑怎么让他苟且偷安。这时我还求什么呢？我能够符合礼仪地死去，我的愿望就实现了。』于是，他们抬起曾子换席，换过后再把曾子放回席上，还没有放好，曾子就过世了。

始死，充充如有穷；既殡，瞿瞿如有求而弗得；既葬，皇皇如有望而弗至。练①而慨然，祥而廓然。

邾娄复之以矢，盖自战于升径始也。鲁妇人之髽而吊也，自败于台鲐始也。

南宫绍之妻之姑之丧，夫子诲之髽，曰：『尔毋从从尔！尔毋扈扈尔！盖榛以为笄，长尺而总八寸。』

孟献子禫，县而不乐，比御②而不入。夫子曰：『献子加于人一等矣！』

孔子既祥五日弹琴而不成声，十日而成笙歌。

有子盖既祥，而丝屦、组缨。

死而不吊者三：畏、厌、溺。

子路有姊之丧，可以除之矣，而弗除也。孔子曰：『何弗除也？』子路曰：『吾寡兄弟而弗忍也。』孔子曰：『先王制礼，行道之人皆弗忍也。』子路闻之，遂除之。

大公封于营丘，比及五世，皆反葬于周。君子曰：『乐，乐其所自生；礼，不忘其本。古之人有言曰：「狐死正丘首[3]，仁也。」』

伯鱼之母死，期而犹哭。夫子闻之，曰：『谁与哭者？』门人曰：『鲤也。』夫子曰：『嘻[4]！其甚也。』伯鱼闻之，遂除之。

舜葬于苍梧之野，盖三妃未之从也。季武子曰：『周公盖祔。』

曾子之丧，浴于爨室[5]。

大功废业。或曰：『大功，诵可也。』

子张病，召申祥而语之曰：『君子曰「终」，小人曰「死」。吾今日其庶几乎！』

【注释】

①练：即小祥，是人死一周年的祭名。练冠：用经水煮而变得洁白柔软的布做的冠。

②比：与。御：与妻室同房。

③正丘首：即『首正丘』。首是头朝向，正是对着，丘是狐穴所在。

④嘻：悲恨之声。

⑤爨（cuàn）室：厨房。

【译文】

父母刚死时，悲痛焦急，好像一切都到了尽头；殡殓之后，神情不安，似乎在寻找而不得；安葬之后，空虚惶惑，好像无所依凭。小祥过后，感叹日月之速；大祥祭后，一直空虚失落。

邾人用箭招魂，可能从升陉之战开始。鲁国妇女用麻布束发去吊丧，是从狐骀之战失败开始的。

南宫绍妻子的婆婆去世，孔子教她丧髻要用麻束发，并说：『不要结得太高，也不要结得太大。还要用榛木作簪，长一尺，而束发的带只能垂下八寸。』

孟献子禫祭之后悬挂乐器而不奏乐，能让妻妾陪而仍不回到寝宫。孔子称赞说：『献子的确超过常人一等。』

孔子在大祥祭五天之后，弹琴声调不协调，十日后吹笙才成歌。

有子在大祥刚结束，就穿着有饰的丝履，戴上丝带做缨的冠（失于过早）。

人死而不用吊丧的有三种情况：轻身自杀的，遇难死亡的，涉水淹死的。

子路为姊服丧，已期满能够除丧服了，但没有除去。孔子问：『为何不除去丧服？』子路说：『我的兄弟少，因此为姊服丧还不忍心除去。』孔子说：『先王订下礼制（是折中常人之情，既已成制是不可违的）。何况，服行仁义的人，对亲人都是不忍的，仍应执行统一的礼制。』子路听后，就脱下了丧服。

太公封在营丘，可是直到五世的子孙，死后都还返回周埋葬。君子说：『音乐，是表现人们发自内心的情感；礼的基本精神，也就在于不忘根基。古人有句俗语说：「狐狸死了，它的头一定正好朝着狐穴的方向。」这也是不忘根本啊。』

伯鱼的母亲死了，已经满了周年，可是他还在哭泣。孔子听闻了就问道：『是谁在哭呀？』他的弟子答复说：『是鲤。』孔子叹道：『唉！那太过分了。』伯鱼听到这话之后，就脱掉丧服不再哭了。

舜葬在苍梧山中，可能他的三位妃子都没有跟去合葬。季武子说：『可能从周公开始才有夫妇合葬的事。』

为曾子办理丧事时，其家属在厨房里为死者洗浴身体。

服大功之丧要停歇一切学业，以免扰乱哀思。但是也有人说：『服大功之丧，口诵诗歌还是允许的。』

子张病重时，召儿子申祥来，并告诉他说：『君子之死称为「终」，小人之死称为「死」。我这一辈子大概能够称作「终」了吧。』

曾子曰：『始死之奠，其余阁[1]也与？』

曾子曰：『小功不为位也者，是委巷之礼也。子思之哭嫂也为位，妇人倡踊[2]。申祥之哭言思也亦然。』

古者冠缩缝，今也衡缝。故丧冠之反吉[3]，非古也。

曾子谓子思曰：『伋！吾执亲之丧也，水浆不入于口者七日。』子思曰：『先王之制礼也，过之者俯而就之，不至焉者跂[4]而及之。故君子之执亲之丧也，水浆不入于口者三日，杖而后能起。』

曾子曰：『小功不税[5]，则是远兄弟终无服也，而可乎？』

【注释】

①余阁：是病中放在庋阁上而没有吃完的食品，如脯醢醴酒之类。阁，庋阁，置放物品的架子。

②倡踊：率先跳跃顿足号哭。在丧礼中，以跳跃顿足来表示悲哀感情。

③反吉：与吉冠相反。

④跂（qǐ）：踮着脚。

⑤小功不税（tuì）：小功以下的丧，就不用追服。

【译文】

曾子说：『人刚死时所设的祭祀，用的是架子上剩下的现成食物吧？』

曾子说：『服小功之丧，不根据亲疏的序列在一定的位置上哭，那是住在陋巷的庶人之礼。子思哭其嫂，就注重亲疏的序列在一定的位置上哭，由他的妻子先跳跃跺脚号哭，然后他才跟随哭。申祥之哭言思，也讲究这些。』

古代的冠都是直缝的，如今吉冠是横缝的，而把直缝的当作丧冠，因此丧冠与吉冠相反，那并非古制。

曾子告知子思说：『伋，我为父亲守丧，七天没喝一口水和米汤。』子思说：『先王制定礼仪，就是要行礼超过标准的人俯身贴近标准，让行礼没有达到标准的人努力达到。因此君子在为亲人守丧的时候，只是三天不喝水和米汤就达到标准了，扶着丧杖能站立。』

曾子说：『服小功之丧，在丧期过了才听到，就不用补服丧服。那么，相距很远的同祖父的兄弟最后就不再服丧了，这样可以吗？』

伯高之丧，孔氏之使者未至，冉子摄束帛、乘马而将之。孔子曰：『异哉！徒使我不诚于伯高。』

伯高死于卫，赴①于孔子。孔子曰：『吾恶乎哭诸？兄弟，吾哭诸庙；父之友，吾哭诸庙门之外；师，吾哭诸寝；朋友，吾哭诸寝门之外；所知，吾哭诸野。于野则已疏，于寝则已重。夫由赐也见我，吾哭诸赐氏。』遂命子贡为之主，曰：『为尔哭也来者，拜之；知伯高而来者，勿拜也。』

曾子曰：『丧有疾，食肉饮酒，必有草木之滋焉。』以为姜桂之谓也。

子夏丧其子而丧其明。曾子吊之曰：『吾闻之也：朋友丧明则哭之。』曾子哭，子夏亦哭，曰：『天乎！予之无罪也！』曾子怒曰：『商！女何无罪也？吾与女事夫子于洙、泗之间，退而老于西河之上，使西河之民疑女于夫子，尔罪一也。丧尔亲，使民未有闻焉，尔罪二也。丧尔子，丧尔明，尔罪三也。而曰女何无罪与？』子夏投其杖而拜曰：『吾过矣！吾过矣！吾离群而索居亦已久矣。』

夫昼居于内②，问其疾可也；夜居于外，吊之可也。是故君子非有大故，不宿于外；非致齐也、非疾也，不昼夜居于内。

高子皋之执亲之丧也，泣血三年，未尝见齿，君子以为难。

衰，与其不当物③也，宁无衰。齐衰不以边坐，大功不以服勤。

孔子之卫，遇旧馆人之丧，入而哭之哀。出，使子贡说骖而赙之。子贡曰：『于门人之丧，未有所说骖，说骖于旧馆，无乃已重乎？』夫子曰：『予乡者入而哭之，遇于一哀而出涕。予恶夫涕之无从④也。小子行之。』

孔子在卫，有送葬者，而夫子观之，曰：『善哉为丧乎！足以为法矣。小子识之！』子贡曰：『夫子何善尔也？』曰：『其往也如慕，其反也如疑。』子贡曰：『岂若速反而虞⑤乎？』子曰：『小子识之！我未之能行也。』

颜渊之丧，馈祥肉，孔子出受之，入，弹琴而后食之。

孔子与门人立，拱而尚右，二三子亦皆尚右。孔子曰：『二三子之嗜学也，我则有姊之丧故也。』二三子皆尚左。

【注释】

①赴：告。

②内：指正寝。古人的居室有正寝和燕寝之分。燕寝是平时常居之所，正寝则必当疾病或斋戒时居之。

③不当物：不合礼制。

④无从：无以为继的意思。

⑤虞：下葬后在殡宫举行的安神之祭。

【译文】

伯高家中办丧事，孔子派去吊丧的使者还没有回来，冉子就代为准备了一束帛和四匹马，称道是奉了孔子的命令过去吊丧的。孔子说：『这不一样啊！你那样做使我丧失了对伯高的诚意。』

伯高死在卫国，家中人向孔子报丧。孔子说：『我该在何处哭他呢？自家兄弟去世，我在祖庙里哭他；父亲的朋友去世，我就在庙门外面哭他；老师去世，我就在自己寝室里哭他；朋友去世，我在寝室的门外哭他；只是普通的认识，我就在郊外哭他。但我与伯高的关系，在郊外哭他，显得太疏离了。在寝室里哭他，又显太亲近了。他是子贡介绍和我认识的，我还是到子贡家去哭他吧！』于是让子贡做丧主，并说：『来吊丧的人，假如是为了你的关系而来吊丧的，你就拜谢他；认识伯高且有情谊而来吊丧的，你就不必拜谢了。』

曾子说：『居丧的时候假如生病了，能够吃肉喝酒，但必定要加草木的味道。』此处说的是用姜、桂等香料来调味。

子夏由于死了儿子而双目失明。曾子来看望他，说：『我听说，如果朋友失明就为他而哭。』曾子哭，子夏也哭，说：『天啊，我是没罪的呀！』曾子发火，说：『卜商，你怎么没罪呢？我与你在洙泗之间服侍先生，年纪老了你退居在西河之地，西河的居民把你比成先生，这是你的第一条罪过。以前你为亲长守丧期间，你也没有让百姓看到有值得称道的优异表现，这是你的第二条罪过。现在你又由于死了儿子而哭瞎了眼睛，这是你的第三条罪过。你还说你没有罪过吗？』子夏扔开手杖拜谢说：『我错了！我错了！我离去同道好友，单独居住的时间已经太长久了。』

大白天还待在正寝之中，就像患病了，亲朋好友前往探病。夜里睡在中门之外，就像居丧的一样，亲朋好友前往吊丧。因此，君子不是因为居丧，是不会在中门外睡觉的；不是祭前的斋戒，不是患病，就不会不管白天黑夜都待在正寝之中。

高子皋在替父亲守丧时，无声而泣了三年，从来没有笑过。君子认为这是平常人做不到的。

丧服如果不合乎要求，宁愿不穿。穿着齐衰丧服坐时不能偏倚。穿着大功丧服不能够干活。

孔子到卫国去，遇到之前曾经接待过自己的馆人死了，便进去哭他，哭得很悲痛。出来后，让子贡把驾车的马解下来送给丧家。子贡说：『对于学生的丧事，还不曾解驾车的马赠送过，解驾车的马送给过去的馆人，恐怕礼太重了吧？』孔子说：『我刚刚进去哭馆人，遇见主人向我致哀很是专一，而使我不由得为他流泪，我怎能只流泪而没有对应的礼物馈赠呢？你还是照我的话做吧。』

孔子在卫国，有人送葬，孔子在旁观望，说：『这送葬者很得体，能够作为榜样。年轻人可记住。』

子贡问：『老师为何这样称赞？』孔子说：『你看他们送葬时，好像孩子思亲而追哭，返回时又好像依恋亲人之未回而迟疑不前。』子贡说：『还不如快点回来举行安魂之祭。』夫子说：『你好好记住吧！我都未必能做到这样呢。』

颜渊的丧事，他的家人为夫子送来大祥祭肉。孔子出去接纳，回来后弹奏素琴之后才吃祭肉。

孔子和门人一块站在那里，他拱手的样子是用右手掩盖左手，弟子们也都跟着用右手掩盖左手。孔子说：『你们确实太喜欢学我了，我是因为有姐姐的丧事的原因才这样子的。』于是弟子们都改过来，用左手掩盖右手。

孔子蚤作①，负手曳杖，消摇于门，歌曰：『泰山其颓乎！梁木其坏乎！哲人其萎乎！』既歌而入，当户而坐。子贡闻之，曰：『泰山其颓，则吾将安仰？梁木其坏，哲人其萎，则吾将安放？夫子殆将病也。』遂趋而入。夫子曰：『赐！尔来何迟也？夏后氏殡于东阶之上，则犹在阼也。殷人殡于两楹之间，则于宾主夹之也。周人殡于西阶之上，则犹宾也。而丘也，殷人也。予畴昔之夜，梦坐奠②于两楹之间。夫明王不兴，而天下其孰能宗予？予殆将死也！』盖寝疾七日而没。

孔子之丧，门人疑所服。子贡曰：『昔者夫子之丧颜渊，若丧子而无服。丧子路亦然。请丧夫子若丧父而无服。』

孔子之丧，公西赤为志③焉。饰棺墙，置翣设披，周也。设崇，殷也。绸练设旐，夏也。

子张之丧，公明仪为志焉。褚幕丹质④，蚁结于四隅，殷士也。

子夏问于孔子曰：『居父母之仇如之何？』夫子曰：『寝苫枕干，不仕，弗与共天下也。遇诸市朝，不反兵而斗。』曰：『请问居昆弟之仇如之何？』曰：『仕，弗与共国；衔君命而使，虽遇之不斗。』曰：『请问居从父、昆弟之仇如之何？』曰：『不为魁。主人能，则执兵而陪其后。』

孔子之丧，二三子皆绖而出；群居则绖，出则否。

易墓⑤，非古也。

【注释】

①蚤作：早起。

②梦坐奠：指梦中坐在两楹之间享受奠祭，喻此为凶象。

③志：为棺木做装饰、绘画。

④褚幕丹质：用红布幕覆盖棺材。

⑤易墓：除去墓地的草木。易，整治。

【译文】

孔子一早起来，背着两手，拖着手杖，悠然自得地在门外踱步，口中唱道：『泰山要崩塌了吧？大梁将折断了吧？哲人将病倒了吧？』唱完走进屋里，面对门坐下。子贡听到歌声，说：『如果泰山崩塌，叫我们仰望什么呢？大梁如果折断，哲人如果病倒了，叫我们依赖谁呢？听歌中之意，夫子大概要患病了吧？』于是就疾步走进屋里。孔子说：『赐，你怎么这么晚才来呀！夏代停柩于东阶上面，那是还把死者作为主人看待的。殷人停柩于两楹之间，那是介于宾主之间的位置。周人停柩于西阶上面，那是把死者作为宾客看待的。我是殷人的后代，昨天晚上，我梦见自己安坐在两楹之间的尊位接受祭奠献食。可现在没有明王兴起，天下有谁会用我、尊我呢？如此看来，我大概是快死了吧。』果不其然，说过这番话之后，孔子大概病了七八天就过世了。

孔子去世的时候，他的弟子们都不明白该为老师穿什么丧服。子贡说：『以前夫子痛悼颜渊，其悲痛就像丧子一样，不穿任何丧服但心丧三年。痛悼子路时也是如此。让我们悼念夫子如同悼念父亲一样，只是不穿丧服。』

孔子过世后，由公西赤负责装饰棺柩。他装饰了棺柩外的柳衣，安置了遮挡灵柩的翣扇，设置了缚在棺柩两边的披带，这用的是周人的礼制。以崇牙饰旌旗，这用的殷商礼制；用白色锦带缠绕旗杆，上面没有黑布的魂幡，这用的是夏代礼制。

子张的丧事，是公明仪主持的。用红布做成覆棺的帐幕，并在四角画有像蚂蚁形状般交错的纹路，这是殷代士的丧礼制。

子夏问孔子说：『对于杀害父母的仇人，应该如何做？』孔子答复说：『夜里睡在草垫上，枕着盾牌，不去为官，和仇人不共戴天。假如在市上或公门见到了，立即拿出随身携带的兵器和他决斗。』又问道：『请问对于杀害兄弟的仇人，应该如何做？』答复说：『不和仇人在同一个国家做官，假如身负君命出使他国时，见到了仇人的话，也不能够和他决斗。』又问道：『请问对于杀害堂兄弟的仇人，应该如何做呢？』回答说：『不必自己带头去报仇，但假如死者的亲人能去报仇的话，那么自己就拿着武器，跟在后面帮助。』

孔子之丧，弟子们在外都头缠腰系丧带。如果有弟子去世，其他弟子只在家里扎丧带，而出外就不扎了。

为墓地芟除草木，这不是古代的礼制。

子路曰：『吾闻诸夫子：丧礼，与其哀不足而礼有余也，不若礼不足而哀有余也。祭礼①，与其敬不足而礼有余也，不若礼不足而敬有余也。』

曾子吊于负夏，主人既祖，填池，推柩而反之，降妇人而后行礼。从者曰：『礼与？』曾子曰：『夫祖者且也。且胡为其不可以反宿也？』从者又问诸子游曰：『礼与？』子游曰：『饭于牖下，小敛于户内，大敛于阼，殡于客位②，祖于庭，葬于墓，所以即远也。故丧事有进而无退。』曾子闻之曰：『多矣乎！予出祖者。』

曾子袭裘而吊，子游裼裘而吊。曾子指子游而示人曰：『夫夫③也，为习于礼者，如之何其裼裘而吊也？』主人既小敛，袒、括发。子游趋而出，袭裘、带、绖而入。曾子曰：『我过矣！我过矣！夫夫是也。』

子夏既除丧而见，予之琴，和之而不和④，弹之而不成声，作而曰：『哀未忘也。先王制礼，而弗敢过也。』子张既除丧而见，予之琴，和之而和，弹之而成声，作而曰：『先王制礼，不敢不至焉。』

司寇惠子之丧，子游为之麻衰，牡麻绖。文子辞曰：『子辱与弥牟之弟游，又辱为之服，敢辞⑤。』子游曰：『礼也。』文子退，反哭。子游趋而就诸臣之位。文子又辞曰：『子辱与弥牟之弟游，又辱为之服，又辱临其丧，敢辞。』子游曰：『固以请。』文子退，扶适子南面而立，曰：『子辱与弥牟之弟游，又辱为之服，又辱临其丧，虎也敢不复位！』子游趋而就客位。

【注释】

①祭礼：又叫吉礼，强调的是举止恭敬。

②客位：指西阶之上。

③夫夫：犹言此人。

④和：调弦。

⑤敢辞：客气地推让。这里含有提醒子游的意思。

【译文】

子路说：『我听老师说过：办理丧礼，与其内心缺少悲痛的感情而过分地去注重礼仪的完备，还不如让礼仪欠缺些而使内心充满悲伤的感情；举办祭礼，与其内心缺少敬意而过分地去注重礼仪的完备，还不如让礼仪欠缺些而使心中充满敬意。』

曾子到负夏吊丧，主人已经行过祖奠礼，已将柩车头调转朝外，设置好奠祭品，准备出发了，见曾子来吊丧，就把柩车推到原位，撤去出发前的奠祭品，重设祖奠，请曾子吊丧，跟从的人问曾子说：『这符合礼吗？』曾子回答说：『祖奠是一种临时的程序，既然是临时的，为什么不能够把柩车推回原位呢？』跟从的人又去问子游：『这符合礼吗？』子游回答说：『在室内窗下放置饭含，在室内朝着门的地方进行小殓，在东阶之上位进行大殓，在西阶之上停柩，在庭中祖奠，最后葬于墓地，这种过程是为了表示死者慢慢远去。所以丧事只能是有进而无退的。』曾子听见了这话之后，说：『他说的出祖的礼，比我说的好多了。』

曾子以袭衣的装束前去吊丧，子游却以裼裘的装束前去吊丧。于是曾子指着子游让人看，并说：『这个人是懂得礼的人，怎么能够敞开外衣来吊丧呢？』在小殓之后，丧主露出左臂，用麻束发。子游才快步走出寝门外，改换成袭衣的装束，冠上缠上丧带，腰上束上了丧带，然后进门。曾子见到后，急忙说：『我错了，是我错了，这个人做得对呀！』

子夏服丧期满后去见孔子，孔子递给他一把琴，他却没有办法调和好琴弦，使五音协调，而且弹起来也不成声调。他站起来说：『尽管我内心悲哀的感情还没有忘却，但先王既然制定了礼仪，因此我不敢超过规定的期限，只得脱掉丧服。』子张居丧期满后去见孔子，孔子递给他一张琴，他一调整弦，五音就协调了，而且一弹就成乐调。他站起来说：『尽管我心中的悲哀已经平淡了，但先王既然已制定了礼仪，那么我也不敢不遵从礼的规定去做。』

司寇惠子的丧事，子游为他穿吉布做的麻衰，系牡麻制的丧带。文子推却说：『您屈尊和我的弟弟来往，又屈尊为他服丧，不敢当。』子游说：『我这是依礼而行呢。』文子退下，返回到原位而哭。子游疾步走到惠子的家臣的位置上。文子又向他推却说：『您屈尊和我的弟弟来往，又屈尊为他服丧，又屈尊亲自参加他的丧礼，不敢当。』子游说：『我一定要这么做。』文子这才明白过来退下，把惠子的嫡子扶过来面向南就丧主之位而立，对子游说：『您屈尊和我的弟弟来往，又屈尊为他服丧，又屈尊亲自参加他的丧礼，不敢不恢复嫡子虎的丧主之位。』子游（这才）疾步走到宾客的位置上。

将军文子之丧，既除丧，而后越人来吊。主人深衣、练冠，待于庙，垂涕洟①。子游观之曰：『将军文氏之子其庶几乎！亡于礼者之礼也。其动也中。』

幼名，冠字，五十以伯仲，死谥，周道也。绖也者，实也。掘中霤而浴，毁灶以缀足，及葬，毁宗躐行，出于大门，殷道也。学者行之。

子柳之母死，子硕请具②。子柳曰：『何以哉？』子硕曰：『请粥庶弟之母。』子柳曰『如之何其粥人之母以葬其母也？不可。』既葬，子硕欲以赙布之余具祭器。子柳曰：『不可。吾闻之也：君子不家于丧。请班诸兄弟之贫者。』

君子曰：『谋人之军师，败则死之；谋人之邦邑，危则亡③之。』

公叔文子升于瑕丘，蘧伯玉从。文子曰：『乐哉斯丘也！死则我欲葬焉。』蘧伯玉曰：『吾子乐之，则瑗请前！』

弁人有其母死而孺子泣者。孔子曰：『哀则哀矣，而难为继④也。夫礼，为可传也，为可继也。故哭踊有节。』

叔孙武叔之母死，既小敛，举者⑤出户。出户袒，且投其冠，括发。子游曰：『知礼！』

扶君，卜人师扶右，射人师扶左。君薨以是举。

【注释】

①涕：眼泪。洟：鼻涕。

②具：葬器。

③亡：出亡，离去。

④难为继：他人都学不了。

⑤举者：抬尸的人。

【译文】

将军文子死了，其子已经守丧三年，脱掉丧服，而这时又有遥远的越国人前来吊丧。主人穿着深衣，头戴练冠，在祖庙接待吊丧的人，悄悄地淌着眼泪流着鼻涕。子游看到了，大为赞美，说：『将军文子的儿子真不容易！礼文上没有的礼节，他做得是那么得当。』

出生三个月由父取名，到二十岁行冠礼取字，五十岁以后只以排行相称伯、仲等，死后给予谥号，这是周代礼制。服丧时用麻绳扎于额前和腰间，这是表示孝子忠实的哀痛的心情。人死后在正厅中间掘一坑，在坑上架床为死者沐浴，浴水直接流进坑中；拆除灶头，用灶砖约束死者双足；到出葬时，拆除庙西边的墙，让柩车拉出大门；这些都是殷礼。孔子的学生中很多人推行殷礼。

子柳的母亲去世了，子硕请求办理葬具。子柳说：『拿什么钱去办理葬具呢？』子硕答复说：『把庶弟的母亲卖了。』子柳说：『怎么能卖别人的母亲来葬自己的母亲呢？不能这么做。』下葬之后，子硕又想要用剩下的赙金办理祭器。子柳说：『不能这么做，我听说，君子是不愿意靠丧事来获取私利的，还是把剩下的赙金分给兄弟中贫穷的人吧。』

君子说：『假如为国君的军事行动策划，不幸失败，以死为担当。如果为国君谋划怎样保卫国都，不幸国都陷于危险之中，就下台出亡。』

公叔文子登上瑕丘，蘧伯玉跟随他。文子说：『这山丘真让人欢快啊！我要是死了，就要葬在此地。』蘧伯玉说：『您以这山丘为乐，那就请让我先死吧。』

弁地有人的母亲去世了，他像婴儿一样尽情地痛哭。孔子说：『他如此做是尽情地表达他的悲伤感情，平常人是很难达到的。作为礼来讲，是能推及大众的，是要人人都能做到的。因此说丧礼的哭泣和跳脚，都是有一定限度的。』

叔孙武叔的母亲去世了，小殓之后，抬尸者把尸体抬出室户至堂上，这时叔孙武叔才出户，露出左臂，并且扔去冠，用麻绳束发。子游讥笑他说：『这也算知道礼节吗？』

搀扶君主，仆人师之长在右边，射人师之长在左边。君主死了也是这样抬尸体。

从母之夫，舅之妻，二夫人相为服，君子未之言也。或曰同爨[①]缌。

丧事欲其纵纵[②]尔，吉事欲其折折尔。故丧事虽遽不陵节，吉事虽止不怠。故骚骚尔则野，鼎鼎尔则小人。

君子盖犹犹尔。

丧具，君子耻具[③]。一日二日而可为也者，君子弗为也。

丧服，兄弟之子犹子[④]也，盖引而进之也；嫂叔之无服也，盖推而远之也；姑、姊妹之薄也，盖有受我而厚之者也。

食于有丧者之侧，未尝饱也。

曾子与客立于门侧，其徒趋而出。曾子曰：『尔将何之？』曰：『吾父死，将出哭于巷。』曰：『反哭于尔次[⑤]！』曾子北面而吊焉。

【注释】

①同爨：吃同一个灶里做出的饭。

②纵纵：急急忙忙的样子。

③具：预先全部置办丧具。这里表示不愿意亲人很快离去。

④犹子：与儿子服丧一样。

⑤次：指该弟子所住之室。

【译文】

姨夫去世，舅母去世，外甥是否应该为这两个人服丧，从前知礼的君子都未说及。有人说，如果曾在一块生活，则外甥能为姨夫或为舅母服缌麻之丧。

办丧事应当表现出焦急的样子，办吉事应表现出舒适的样子。因此丧事尽管急迫而不能超越应有的礼节与步骤，吉事虽有停顿的时候，但也不能懈怠懒惰。因为烦躁不安则显得粗鲁，拖沓松懈则成小人，而君子总是缓急适度的。

丧葬的用具，君子是不愿意预先办理齐全的。凡一两天内可赶制的物品，君子绝不预先办好。

按丧服的规定，兄弟的儿子就与自己的众子一样，服丧一年，这样是为了增加伯叔侄间的感情，使之更亲密些；嫂叔之间不相互服丧，这样是为了故意推远关系；姑姑、姐妹出嫁之后，为她们服丧要降等，这样做为了让娶她的人一并将深恩重服承接过去，与她们的关系便厚于我。

在有丧服的人身边用膳，从来就没有吃饱过。

曾子和客人站在大门边上，有个弟子快步走出门去。曾子问他说：『你要去哪儿？』弟子回答说：『我父亲去世了，我准备到巷子里去哭。』曾子说：『回到你自己的房间里去哭吧。』然后曾子朝北吊唁逝者。

孔子曰：『之死而致死之，不仁而不可为也；之死而致生之，不知而不可为也。是故，竹不成用，瓦不成味，木不成斫，琴瑟张而不平①，竽笙备而不和，有钟磬而无簨虡。其曰「明器」，神明之也。』

有子问于曾子曰：『问丧于夫子乎？』曰：『闻之矣：丧欲速贫，死欲速朽。』有子曰：『是非君子之言也。』曾子曰：『参也闻诸夫子也。』有子又曰：『是非君子之言也。』曾子曰：『参也与子游闻之。』有子曰：『然，然则夫子有为言之也？』曾子以斯言告于子游。子游曰：『甚哉！有子之言似夫子也。昔者夫子居于宋，见桓司马自为石椁，三年而不成。夫子曰：「若是其靡也，死不如速朽之愈也！」死之欲速朽，为桓司马言之也。南宫敬叔反，必载宝而朝，夫子曰：「若是其货也，丧不如速贫之愈也！」丧之欲速贫，为敬叔言之也。』曾子以子游之言告于有子，有子曰：『然吾固曰非夫子之言也。』曾子曰：『子何以知之？』有子曰：『夫子制于中都，四寸之棺，五寸之椁，以斯知不欲速朽也。昔者夫子失鲁司寇，将之荆，盖先之以子夏，又申之于冉有，以斯知不欲速贫也。』

陈庄子死，赴于鲁。鲁人欲勿哭，缪公召县子而问焉。县子曰：『古之大夫，束脩之问不出竟，虽欲哭之，安得而哭之？今之大夫，交政于中国，虽欲勿哭，焉得而勿哭？且臣闻之，哭有二道：有爱而哭之，有畏而哭之。』公曰：『然。然则如之何而可？』县子曰：『请哭诸异姓之庙。』于是与哭诸县氏。

仲宪言于曾子曰：『夏后氏用明器，示民无知也。殷人用祭器，示民有知也。周人兼用之，示民疑也。』曾子曰：『其不然乎！其不然乎！夫明器，鬼器②也。祭器，人器也。夫古之人胡为而死其亲乎？』

公叔木有同母异父之昆弟死，问于子游，子游曰：『其大功乎？』狄仪有同母异父之昆弟死，问于子夏，子夏曰：『我未之前闻也。鲁人则为之齐衰。』狄仪行齐衰。今之齐衰，狄仪之问也。

子思之母死于卫，柳若谓子思曰：『子，圣人之后也。四方于子乎观礼，子盖慎诸！』子思曰：『吾何慎哉？吾闻之，有其礼，无其财，君子弗行也；有其礼，有其财，无其时，君子弗行也。吾何慎哉！』

【注释】

①不平：指琴瑟未调音，无法弹奏。

②鬼器：为死者特设的明器。

【译文】

孔子说：『前去赠送葬礼而把死者视为无知者，仅以待死者之礼相待，这是缺乏仁心的，不能够这样做；前往赠送葬礼而把死者视为有知者，这是缺乏理智的，不能够这样做。因此送葬的竹器没有縢缘不可实用，瓦器粗糙无光泽不可盛食物，木器不加雕饰，琴瑟虽张弦但未调音，无法弹奏，竽笙虽已备而奏不成声调，有钟磬而没有悬挂的架子，这些器物称为「明器」，意思是把死者作为神明来看待。』

有子问曾子说：『你听到过老师说丧失官职的问题吗？』曾子回复说：『我听他提到过这件事：丧失了官职，最好马上贫困下来；死了，最好是快点腐烂。』有子说：『这不像夫子说的话。』曾子说：『这是我亲自从老师那里听到的。』有子还是说：『这不像夫子说的话。』曾子说：『我和子游都听到这句话的。』有子说：『是的，但那必定是老师针对某种特定的事情而说的。』曾子把这些话告知子游。子游说：『真不容易，有子的口气真像老师。从前，老师在宋国，见到桓司马为自己亲自设计石椁，匠人用了三年时间还没有雕琢成功。老师就说：「一个人死了，如果像这样奢侈，死后还不如快点腐烂得好。」人死了，最好快点腐烂的话，那是针对桓司马说的。南宫敬叔每次丧失了官职之后，回鲁国总是带着财物宝货来，寻求官位。老师说：「像他如此行贿以求官，丢了官，还不如快点穷困为好。」丢掉官职，最好快点穷困，这是针对南宫敬叔说的。』曾子又把子游这番话讲给有子，有子说：『这说对了。我原本就说过「这不像夫子所说的嘛！」』曾子说：『你是如何知道的呢？』有子说：『老师在中都做宰时，曾经规定，棺木四寸厚，椁木五寸厚，就凭这一点就能够知道老师是不主张人死了就快点腐烂的。还有，从前老师失去了鲁国司寇的官职，即将应聘到楚国去做官，就先派子夏去安置，接着又加派冉有去帮办，就凭这一点就能够知道老师是不主张失去官就快点贫穷的。』

齐国大夫陈庄子去世，向鲁国报丧。鲁君不打算为他举办哭礼。因此鲁穆公召见县子，征求他的意见。县子说：『古代的大夫，是不允许和外国有什么私交的，尽管是赠送十条干肉这样微小的礼物都不行，因此尽管想为他哭，又怎么能行哭礼呢？现在的大夫，握有国家大权，和中原各国彼此交结，因此就是想不为他们哭，又如何能办得到呢？何况我听说过，哭有两种原因：有的是由于爱他而哭，有的则是由于怕他才哭。』穆公说：『是的。然而眼前这件事如何办合适呢？』县子说：『那就请到异姓的宗庙里去哭吧！』因此穆公就到县氏的宗庙里去参与哭陈庄子。

仲宪对曾子说：『夏代用不能使用的明器陪葬，是要向人民表示死者是无知觉的。殷人用能够使用的祭器陪葬，是要向人民表示死者是有知觉的。周人同时用明器和祭器，是要向人民表示，死者是有知或无知还很难肯定。』曾子说：『不是这样的！不是这样的！所谓明器，是为鬼魂特制的器皿，是不能使用的，所谓祭器，是孝子用自己正在使用的器皿祭祀先人，二者都是用来表示孝子的深切心意的。上古的人怎样能确定死去的亲人就毫无知觉了呢？』

卫大夫公叔朱有同母异父的兄弟死了，向子游求教应服何种丧服。子游说：『大概大功就行了。』狄仪有同母异父的兄弟死了，向子夏求教用何丧服。子夏说：『这种情况我之前没有听到过，但鲁人是齐衰之服的。』狄仪就用齐衰之服。现在同母异父兄弟间用齐衰之服，大概即出自狄仪之问吧！

子思的母亲死于卫国。柳若对子思说：『您是孔圣人的后代，那么多人都在看您如何行礼，您必定要慎重些啊！』子思说：『我有什么可谨慎的呢？我听说过：「有某种礼而没有充足的财物，君子就不行礼；有某种礼，又有充足的财物，但没有合适的时机，君子也不去行礼。」我有什么可谨慎的呢！』

县子琐曰：『吾闻之：古者不降，上下各以其亲。滕伯文为孟虎齐衰，其叔父也；为孟皮齐衰，其叔父也。』

后木曰：『丧，吾闻诸县子曰：「夫丧，不可不深长思也，买棺外内易。」我死则亦然。』

曾子曰：『尸未设饰①，故帷堂，小敛而彻帷。』仲梁子曰：『夫妇方乱，故帷堂，小敛而彻帷。』小敛之奠，子游曰：『于东方。』曾子曰：『于西方，敛斯席矣。』小敛之奠在西方，鲁礼之末失也。

县子曰：『绤衰、繐裳，非古也。』

子蒲卒，哭者呼『灭』。子皋曰：『若是野哉！』哭者改之。

杜桥之母之丧，宫中无相②，以为沽③也。

夫子曰：『始死，羔裘、玄冠者，易之而已。』羔裘、玄冠，夫子不以吊。

子游问丧具。夫子曰：『称家之有亡。』子游曰：『有亡恶乎齐？』夫子曰：『有，毋过礼。苟亡矣，敛首足形，还葬，县棺而封，人岂有非之者哉！』

司士贲告于子游曰：『请袭④于床。』子游曰：『诺。』县子闻之，曰：『汏哉叔氏！专以礼许人。』

宋襄公葬其夫人，醯醢百瓮。曾子曰：『既曰明器矣，而又实之？』

孟献子之丧，司徒旅归四布。夫子曰：『可也。』

读赗，曾子曰：『非古也，是再告也。』

成子高寝疾，庆遗入，请曰：『子之病革矣，如至乎大病，则如之何？』子高曰：『吾闻之也，生有益于人，死不害于人。吾纵生无益于人，吾可以死害于人乎哉！我死，则择不食之地而葬我焉。』

子夏问诸夫子曰：『居君之母与妻之丧，居处、言语、饮食衎尔。』

宾客至，无所馆。夫子曰：『生于我乎馆，死于我乎殡。』

国子高曰：『葬也者，藏也；藏也者，欲人之弗得见也。是故衣足以饰身，棺周于衣，椁周于棺，土周于椁，反壤树之哉！』

孔子之丧，有自燕来观者，舍于子夏氏。子夏曰：『圣人之葬人与？人之葬圣人也，子何观焉？昔者夫子言之曰：「吾见封之若堂者矣，见若坊者矣，见若覆夏屋⑤者矣。见若斧者矣，从若斧者焉。」马鬣封之谓也。今一日而三斩板，而已封，尚行夫子之志乎哉！』

【注释】

①设饰：指沐浴、整容、袭、殓等事。

②相：祭祀、曲礼时唱读仪式的人。

③沽：粗略。

④袭：给死尸穿衣。

⑤夏屋：指形状如堂下廊庑，两边宽斜低矮的土墩。

【译文】

县子琐说：『我听说，古时候，没有丧服降等的规定，上下尊卑都根据本来的亲属关系服丧。举例来说，滕伯文以国君之尊为孟虎服齐衰，由于孟虎是滕伯文的叔父；而滕伯文又为孟皮服齐衰，由于滕伯文又是孟皮的叔父。』

后木说：『有关丧事，我听县子说过：「置办丧事，不能不做深远考虑。买棺材，必定要内外都平滑精致的。」我死了也希望能如此。』

曾子说：『遗体还没有进行沐浴、穿衣等修饰之事，所以要在堂上设置帷幕，小殓后就撤去帷幕。』仲梁子则说：『亲人刚去世，丧主夫妇手忙脚乱，所以要在堂上设置帷幕，小殓后就撤去帷幕。』小殓所用的祭品，子游说：『要放在尸的东侧。』曾子说：『应放在遗体的西侧，小殓后要放在席上。』小殓所用的祭品放在遗体的西侧，这是鲁国末世礼仪上的失误。

县子说：『丧服用粗葛布做上衣，用细而疏的麻布做下裳，这不是古代的礼仪。』

子蒲去世后，有人在哭的时候喊着他的名字『灭』。子皋说：『怎么这么粗野不懂礼节！』那人听到后就纠正了过来。

杜桥的母亲死后，殡宫中没有引导行礼的人，人们以为太粗略了。

孔子说：『亲人刚死，原来穿着黑色的羊皮裘服，戴着黑色的帽子，改成穿深衣，戴白色的帽子就是了。』

夫子不穿羔皮裘服、戴玄冠去吊丧。

子游问办丧事的器物怎样才算完备，孔子说：『与家产的多少相配就行了。』子游说：『怎样知道家产的多少与丧具厚薄的关系呢？』孔子说：『有家产的不要过礼厚葬。假如没有家产，殓时的衣被也要足以包住死者的首足身体，殓毕即葬，用绳子拴住棺，悬起下葬，这样尽力去做了，人们难道还有责骂他的吗？』

司士贲对子游说：『我想在床上为尸体穿衣。』子游说：『行。』县子听了，就说：『叔氏太自满了，听他的口气，好像专门许诺批准别人执行礼仪的。』

宋襄公安葬他的夫人时，陪葬的醋和肉酱有百坛之多，又都装满食品。曾子说：『既然称作明器，都是不能用的东西，怎么又都填满了食物呢？』

鲁国大夫孟献子丧事结束后，其家臣司徒派下士奔走四方，把剩下的钱帛实物等归还给赠送的人。孔子说：『做得对。』

在柩车将出发时，由主人之史在柩前宣读亲友赠送的助丧物品，以告死者。曾子说：『这不是沿用古礼，助丧财物已在奠祭后宣读过，这是第二次宣读。』

成子高卧病在床。庆遗进来报告说：『您的病已经很危急了，万一有个三长两短，如何做？』子高说：『我听说过，在世应有益于人，去世也不应该有害于人。我既然活着的时候无益于他人，难道我能死了还要损害于他人吗？我死后，拣一块不长庄稼的地方把我埋葬好了。』

子夏听孔子说过：『为国君之母和国君之妻服丧，在生活起居、谈话和饮食方面，仍像平时自在的样子就可以了。』

如果远方来的客人没地方居住，不能不管。孔子说：『活着住在我这里，死了由我为他安排殡葬。』

国子高说：『葬，就是藏的意思。为何说是藏呢？藏就是不想让人看到。所以，只要衣衾足以遮掩身体，内棺包住衣衾，外椁包住内棺，墓穴的土埋住椁就可以了，为什么还要垒砌坟头、栽种树木呢？』

孔子的丧事，有一个从燕国来看丧礼的人，住在子夏氏家里。子夏说：『圣人葬普通人，与普通人葬圣人，您观看哪一种呢？从前夫子谈及墓葬曾说：「我见到封土如堂基的，见到如堤防上窄下宽的，见到如夏屋房檐边宽而矮的，见到如斧刃朝上形而长长的。我认同斧形的。」斧形的坟叫作马鬣封。现在为夫子造坟，一天之内三次夯土版筑，坟就筑成了，这算是实现夫子的愿望了吧！』

妇人不葛带。

有荐新，如朔奠。

既葬，各以除其服。

池视重霤。

君即位而为椑，发一漆之，藏焉。

复，楔齿、缀足、饭，设饰、帷堂并作。父兄命赴者。

君复于小寝、大寝，小祖、大祖，库门、四郊。

丧不剥①，奠也与？祭肉也与？

既殡，旬而布材与明器。朝奠日出，夕奠逮日。

父母之丧，哭无时；使必知其反也。

练，练衣黄里、縓缘，葛要绖，绳屦无绚，角瑱，鹿裘，衡、长、袪。袪，裼之可也。

有殡，闻远兄弟[2]之丧，虽缌必往；非兄弟，虽邻不往。所识，其兄弟不同居者皆吊。

天子之棺四重[3]，水、兕革棺被之，其厚三寸；杝棺一，梓棺二。四者皆周。棺束缩二衡三，衽每束一。

柏椁以端，长六尺。

天子之哭诸侯也，爵弁绖，纣衣。或曰：使有司哭之，为之不以乐食。

天子之殡也，菆涂龙輴以椁，加斧于椁上，毕涂屋[4]。天子之礼也。

唯天子之丧，有别姓而哭。

鲁哀公诔孔丘曰：『天不遗耆老，莫相予位焉。呜呼哀哉！尼父！』

国亡大县邑，公、卿、大夫、士皆厌冠，哭于大庙三日，君不举[5]。或曰：君举而哭于后土。

孔子恶野哭[6]者。

未仕者不敢税人，如税人，则以父兄之命。

士备入而后朝夕踊。

祥而缟，是月禫，徒月乐。

君于士有赐帟。

【注释】

①不剥：不裸露。

②远兄弟：居住在远方的兄弟。

③四重：共四层。

④屋：指在椁上又积木为屋顶。

⑤举：杀牲盛食曰举。

⑥野哭：没有在正确的地方哭。

【译文】

妇人在除丧之前，一直都系麻布腰带，不换成葛布腰带。

举行荐新之奠的仪节与每月初一的朔奠相同。

死者下葬后亲属完成卒哭礼，服小功以上的亲属可以换掉重服，穿上较轻的丧服，服缌麻的亲属可以除去丧服。

柩车上池的数量，比照死者生前家中承霤的数量设置。

国君即位而开始为他制作内棺，一年油漆一遍，棺中要放置物品，不可空虚。

为死者招魂，用角质的饭匙撑住死者的口、用砖坯约束死者的腿脚，为死者饭含，为死者穿衣、在堂上张帷，这些事在同一时间接连进行。由死者父辈或兄长派遣发讣告的人。

为君主招魂在燕寝、正寝，四亲之庙、太祖庙，诸侯的外门和四郊。

为死者准备的饮食要用巾遮盖，是奠祭的食物都要遮盖呢？还是仅遮盖祭肉呢？

死者殡殓后，停放在堂上西侧，十天后颁发布告，寻找制作椁的木材和陪葬明器。朝奠在日出时进行，夕奠在太阳将落时举行。

父母的丧事，孝子因哀痛而哭没有一定的时间；国君如果派遣出使，返回后一定要设祭告知双亲，让他们知道自己回家了。

小祥祭后可以穿煮熟过的白衣做的中衣，镶绛红色的边，腰系葛布做的丧带，穿用麻绳编的鞋，耳挂角质的装饰品，可穿鹿皮裘，可加宽加长袖口，袖口可加饰，可以外加罩衣。

家里有丧事，又听说在异地的兄弟去世，尽管是缌麻之服也一定要前去吊唁。不是本家兄弟，尽管是邻居不去吊唁。对自己认识的朋友，当他不同居的兄弟去世，也要向他慰问。

天子的棺有四重，最内层用水牛皮、兕皮覆盖包裹，厚三寸，杝木棺一重，梓木棺二重。这四重棺都层层周遭密合。束棺的皮条，纵的两条，横的三条。为连接固定棺盖与棺身，用一种两头宽、中央窄叫作『衽』的木榫固定棺盖和棺身，在每个束带处用一衽。用柏木做椁，将柏木截为长条形的木墩，端首朝外垒砌排列，柏木方长六尺。

天子在为诸侯之死哭时，头上戴的是赤而微黑的皮帽，头缠葛布做的丧带，腰上系着葛布做的丧带，穿黑色的丝衣。有人说：天子不需自己哭，可命官员代哭。在哭的当天，天子进膳时不奏乐。

天子在殡殓后，将木材堆积在棺的四周，灵柩车的车辕上要画有龙的图案，将绣有斧形纹饰的衾被覆盖在椁上，通体建为屋形，用泥涂抹，使其密封无间隙，这是天子殡葬的礼制。

唯有天子的丧事，才区别同姓、异姓、庶姓诸侯的哭位。

鲁哀公对孔丘的悼词，说：『老天不留下这位我尊敬的老人，没有人能辅助我治理国家。呜呼悲伤！尼父！』

国家战败失去大城邑后，公、卿、大夫、士全要戴着丧冠到国家的太祖庙里去连哭三天，而且在这时间里，国君不杀牲盛食。另外还有一种说法是：国君能够杀牲盛食，但要到社神庙里哀哭。

孔子讨厌那种无论什么场合，不在正确的哭位上哭泣的人。

还没有得到官职的人，不能擅自用家中的财物去赠人，如果要把财物赠送别人，就以父兄的名义给予。

国君的丧事，停殡时间内，或朝或夕哭踊，等到士全部到齐后，群臣一块哭踊。

大祥祭以后就能够戴白色生绢做的冠了。这个月进行禫祭，下个月就能够奏乐了。

国君对于死去的士，能够恩赐他一块小幕帐，用来遮挡灵柩上的尘土。

檀弓（下）

君之适[1]长殇，车三乘；公之庶长殇，车一乘；大夫之适长殇，车一乘。

公之丧，诸达官之长杖。

君于大夫，将葬，吊于宫，及出，命引之，三步则止。如是者三，君退。朝亦如之，哀次亦如之。

五十无车者，不越疆而吊人。

季武子寝疾，蟜固不说齐衰而入见，曰：『斯道也，将亡矣。士唯公门说齐衰。』武子曰：『不亦善乎！君子表微。』及其丧也，曾点倚其门而歌。

大夫吊，当事而至，则辞焉。

吊于人，是日不乐。

妇人不越疆而吊人。

行吊之日不饮酒食肉焉。

吊于葬者必执引，若从柩，及圹，皆执绋。

丧，公吊之，必有拜者，虽朋友、州里、舍人可也。吊曰：『寡君承②事。』主人曰：『临。』

君遇柩于路，必使人吊之。

大夫之丧，庶子不受吊。

妻之昆弟为父后者死，哭之适室，子为主，袒、免、哭、踊，夫入门右，使人立于门外，告来者，狎则入哭。父在，哭于妻之室；非为父后者，哭诸异室。有殡，闻远兄弟之丧，哭于侧室。无侧室，哭于门内之右。同国，则往哭之。

子张死，曾子有母之丧，齐衰而往哭之。或曰：『齐衰不以吊③。』曾子曰：『我吊也与哉？』

有若之丧，悼公吊焉，子游摈由左。

齐谷王姬之丧，鲁庄公为之大功。或曰：『由鲁嫁，故为之服姊妹之服。』或曰：『外祖母也，故为之服。』

晋献公之丧，秦穆公使人吊公子重耳，且曰：『寡人闻之：亡国恒于斯，得国恒于斯④。虽吾子俨然在忧服之中，丧亦不可久也，时亦不可失也。孺子其图之！』以告舅犯。舅犯曰：『孺子其辞焉！丧人无宝，仁亲以为宝。父死之谓何？又因以为利，而天下其孰能说之？孺子其辞焉！』

公子重耳对客曰：『君惠吊亡臣重耳，身丧父死，不得与于哭泣之哀，以为君忧。父死之谓何？或敢有他志，以辱君义。』稽颡而不拜⑤，哭而起，起而不私。子显以致命于穆公。穆公曰：『仁夫公子重耳！夫稽颡而不拜，则未为后也，故不成拜。哭而起，则爱父也；起而不私，则远利也。』

帷殡，非古也，自敬姜之哭穆伯始也。

【注释】

①适：嫡子。

②承：承办料理。

③齐衰不以吊：已经服齐衰之人不可以再去为别的死者吊丧。

④斯：指国君刚去世，需要有新君接替君位的时候。

⑤稽颡：叩头至地。不拜：表示不敢以继承人自居而对宾客的吊唁不予拜谢。

【译文】

国君的嫡子在十六至十九岁之间夭亡的，用三辆车随葬；国君的庶子在十六至十九岁之间夭亡的，用一辆车随葬；大夫的嫡子在十六至十九岁之间夭亡的，用一辆车随葬。

诸侯的丧事，由诸侯直接任命的官员要拄丧杖。

国君参与大夫的丧事，死者将要出葬，国君去殡宫吊丧，柩车离开殡宫，国君命人手执柩车的绳索拉车，走三步就停止。如此拉三次，国君离开。如果是柩车朝祖庙时国君来吊丧，也是如此行礼；柩车到孝子居丧、哭踊致哀的舍庐时，国君来吊丧，也是如此行礼。

五十岁以上又无车的老人，不需越境去吊丧他人。

季武子病卧在床，蟜固不脱齐衰服而进入见他，说：『这样的礼仪，很快要丢失了。士人唯有进国君的门才脱齐衰服。』武子说：『你做得好啊。君子就应当使衰微的礼弘扬起来。』等到季武子死了，按照礼制众人不须废乐，因此曾点靠在他的门上唱歌。

大夫来吊丧，假如正当主人忙于大小殡殓之事的时候，就派人向大夫表明，此刻未能出迎，请他稍等片刻。

为别人吊丧的当天，整天都不奏乐。

妇人不越境去吊丧。

吊丧的那天，不能饮酒吃肉。

在出葬时去吊丧，必定要帮助拉柩车的绳索，如果跟随柩车到墓穴，都要牵拉系着棺木下葬的绳索协助下葬。

客死异国，如果地主国的国君来吊，尽管身边没有亲人为丧主，但也必定要有人出来代表丧主拜谢，即使是死者的朋友、同乡、同在馆舍的旅人也行。国君吊丧的宾者说：『敝国的国君前来帮助治丧。』那位丧主的代表则答复：『多谢屈尊光临。』

国君在路上遇见柩车，要派人过去吊丧。

大夫的丧事，庶子不能做丧主而接受亲朋的吊唁。

妻的兄弟是他父亲的继承人而去世，夫就到正寝去哭他。由儿子做丧主，露出左臂，头束着绕发，为舅号哭、跳脚。丈夫进去正寝站在门右边，派人站立门外，告诉听到哭声而来吊的人死者是谁。假如是很熟习的人就进去哭，假如夫的父亲健在，就到妻的室中去哭。假如妻的兄弟不是其父继承人的死了，就到别室去哭他。家里殡有棺柩，听闻了远在异国的兄弟的丧事，就到偏房去哭。假如没有偏房，就在门内右边哭。假如兄弟同在一国，就应前去哭他。

子张去世，曾子正在为母守孝，但他还是穿着齐衰孝服前去哀哭。有人诽谤说：『穿着齐衰重孝是不能够为别人去吊丧的。』曾子说：『我这是吊丧吗？』

有若去世，悼公前去吊唁。子游在鲁悼公左边辅助悼公施礼。

齐国向鲁国报告王姬的丧事，鲁庄公为王姬服大功。有人解释说：『因为王姬是由鲁国主婚出嫁的，因此庄公把她看作是自己的姐妹而服大功。』也有人解释说：『王姬是鲁庄公的外祖母，因此为她服大功。』

晋献公去世后，秦穆公派人去看望逃难在狄的公子重耳，且带话说：『寡人听说，失去君位总是在这个时刻，而获得君位也总是在这个时刻。尽管说你现在正在恭敬地服丧之中，但是服丧也不能太久，机不可失，请您考虑一下这事！』重耳把这些情况告知了舅舅子犯。舅舅子犯说：『您还是委婉拒绝得好。逃亡在外的人没有什么可珍贵的东西，要说有的话，那就是热爱父亲的精神。父亲去世意味着什么？那是天塌一样的凶祸。反而趁此机会获取私利，这样做怎么能向天下人解释清楚呢？您还是婉言拒绝得好。』

因此，公子重耳对来使说：『蒙受贵国国君施惠来吊唁流亡在外的臣子重耳，我身在国外，而父亲去世，不能星夜奔回国内在灵位前哭泣，以表示内心的悲哀，以至于使贵国国君为我担心。但是，父亲去世意味着什么呢？那是天塌一般的灾祸。此时此刻，我于悲哀之外怎敢别有图谋，从而玷辱贵国国君的厚义呢？』说完之后，只叩头表示丧父之悲，而不敢像丧主那样向来使表示拜谢。然后哭着站立起来，站立后也不再和使者私下说任何话。使者子显向穆公复命。穆公说：『公子重耳真仁慈啊！他只叩首而不拜谢，可见他不是以继承人自居，因此没有完成整套行礼动作。哭着站起来，可见他是很爱其父的；站立后就不再和使者私自说话，可见他完全没有乘机谋利的想法。』

停柩在堂，堂上围着帷幕，朝夕哭时不撤起帷幕，不是古时的礼仪，是从敬姜哭穆伯开始的。

丧礼，哀戚之至也。节哀，顺变也，君子念始之者[1]也。复，尽爱之道也，有祷祠之心焉。望反诸幽，求诸鬼神之道也。北面，求诸幽之义也。拜稽颡，哀戚之至隐也。稽颡，隐之甚也。饭用米、贝，弗忍虚也。不以食道，用美焉尔。铭，明旌也，以死者为不可别已，故以其旗识之。爱之，斯录之矣；敬之，斯尽其道焉耳。重，主道也。殷主缀重焉，周主重彻焉。奠以素器，以生者有哀素之心也。唯祭祀之礼，主人自尽焉尔，岂知神之所飨，亦以主人有齐敬之心也！辟踊，哀之至也。有算，为之节文也。袒、括发，变也。愠，哀之变也。去饰，去美也。袒、括发，去饰之甚也。有所袒，有所袭，哀之节也。弁绖葛而葬，与神交之道也，有敬心焉。周人弁而葬，殷人冔而葬。歠主人、主妇、室老，为其病也，君命食之也。反哭升堂，反诸其所作也。主妇入于室，反诸其所养也。反哭之吊也，哀之至也。反而亡焉，失之矣，于是为甚。殷既封而吊，周反哭而吊。孔子曰：『殷已悫[2]，吾从周。』葬于北方，北首，三代之达礼也，之幽之故也。既封，主人赠，而祝宿虞尸。既反哭，主人与有司视虞牲。有司以几筵舍奠于墓左，反，日中而虞。葬日虞，弗忍一日离也。是月也，以虞易奠。卒哭曰『成事』。是日也，以吉祭易丧祭，明日，祔于祖父。其变而之吉祭也，比至于祔，必于是日也接，不忍一日未有所归也。殷练而祔，周卒哭而祔。孔子善殷。

君临臣丧，以巫、祝、挑、茢[3]、执戈，恶之也，所以异于生也。丧有死之道焉，先王之所难言也。

丧之朝也，顺死者之孝心也。其哀离其室也，故至于祖、考之庙而后行。殷朝而殡于祖，周朝而遂葬。

孔子谓：为明器者知丧道矣，备物而不可用也。哀哉！死者而用生者之器也，不殆于用殉乎哉！其曰明器，神明之也。涂车、刍灵，自古有之，明器之道也。孔子谓为刍灵者善，谓为俑者不仁，不殆于用人乎哉！

穆公问于子思曰：『为旧君反服，古与？』子思曰：『古之君子，进人以礼，退人以礼，故有旧君反服之礼也。今之君子，进人若将加诸膝，退人若将队诸渊，毋为戎首，不亦善乎，又何反服之礼之有？』

悼公之丧，季昭子问于孟敬子曰：『为君何食？』敬子曰：『食粥，天下之达礼也。吾三臣者之不能居公室也，四方莫不闻矣。勉而为瘠，则吾能，毋乃使人疑夫不以情居瘠者乎哉！我则食食。』

卫司徒敬子死，子夏吊焉，主人未小敛，绖而往。子游吊焉，主人既小敛，子游出绖，反哭。子夏曰：『闻之也与？』曰：『闻诸夫子：主人未改服，则不绖。』

曾子曰：『晏子可谓知礼也已，恭敬之有焉。』有子曰：『晏子一狐裘三十年，遣车一乘，及墓而反。国君七个，遣车七乘；大夫五个，遣车五乘。晏子焉知礼？』曾子曰：『国无道，君子耻盈礼焉。国奢则示之以俭，国俭则示之以礼。』

国昭子之母死，问于子张曰：『葬及墓，男子、妇人安位？』子张曰：『司徒敬子之丧，夫子相，男子西乡，妇人东乡。』曰：『噫！毋。』曰：『我丧也斯沾④。尔专之，宾为宾焉，主为主焉，妇人从男子皆西乡。』

穆伯之丧，敬姜昼哭；文伯之丧，昼夜哭。孔子曰：『知礼矣。』文伯之丧，敬姜据其床而不哭，曰：『昔者吾有斯子也，吾以将为贤人也，吾未尝以就公室。今及其死也，朋友诸臣未有出涕者，而内人皆行哭失声。斯子也，必多旷于礼矣夫！』

【注释】

①始之者：指生我之父母。

②悫（què）：直率少文。

③茢（liè）：笤帚。用笤帚来扫除不祥。

④沾：通『觇』，看的意思。

【译文】

守父母之丧期间，孝子的心情是极其悲哀的。用种种礼节来节制他的悲哀，顺着悲伤的感情由重至轻变化。这都是由于君子念及父母的生育之恩，不能使自己的身体有所损伤。招魂，是充分表现孝子热爱父母的一种形式，就像他们病危时的祈祷那样，千方百计，想要他们起死回生的诚心。盼望父母从幽暗的地方回来，这是祈求鬼神的方法。招魂时向着北方呼叫，就是向幽暗中祈求的意思。拜谢宾客的吊丧与叩头，都是悲哀中极痛苦的表现；而两者之中，尤以叩头的痛苦更甚。饭含，用生米和贝壳，这是不忍心让死者空口；不用活着的人吃的熟食，是采用自然生成的米、贝。铭，是神明的旌旗，因为死者的形貌已不复可见，所以在旗上写他的名字来做标志。因为爱他，所以将他的姓名写到旗上；因为敬他，所以对旗的制作严守规格一丝不苟。重，和神主的作用是一样的。殷人做了神主，就将重和主连在一起悬挂在庙中，而周人作了神主，就将重埋在门外道路的左侧。葬前的祭奠，使用的是质朴无华的器具，这是因为孝子悲哀的心也是朴素无装饰的。只有葬后的吉祭，孝子才尽其敬神之心，使用经过装饰的器具。不必问神灵是否真的享用祭品，孝子只不过是表现其严肃恭敬的心情而已！号哭时捶胸顿足，这是悲痛至极的表现；但却规定了一定的次数，这是为了使孝子有所节制，不可乱来。解开上衣露出左臂，去掉束发的布帛而改用麻束发，这是孝子在形貌服饰上的变化。心情忧郁，这是孝子悲哀感情的变化。除去修饰，就是除去华美。露出左臂，用麻束发，这是除去修饰的极端表现。有时要露出左臂，有时要掩好上衣，这也是为了节制悲哀。戴着缠有葛绖的爵弁举行葬礼，这是和神明交往的方式，并体现主人有恭敬之心。所以周人戴着爵弁行葬礼，殷人戴着冔行葬礼。在亲人去世后，应该设法让主人、主妇和总管喝些稀粥，因为他们由于悲哀过度已经无心饮食，担心他们病倒。对于大夫以上之家，国君要下令他们必须进食。送葬以后返回祖庙号哭，主人是升堂而哭，也就是回到死者生前遇到冠、婚等事的行礼之处而哭。主妇则是入室而哭，也就是回到死者生前进行馈食供养之处而哭。孝子等人返哭时，亲友都要前来慰问，因为这是孝子最悲哀的时刻。回来以后，看不到亲人的任何踪影了，亲人是永远消失了，有感于此，所以悲痛至极。殷人是在下葬以后就吊丧，而周人则是在返哭时前去吊丧。孔子说：『殷人的做法太质朴了，我赞成周人的作法。』葬在北郊，头朝北方，这是夏商周三代通行的做法，因为鬼神要去幽暗之处的缘故。将棺下入墓穴后，主人将币帛等物放入墓穴中，这叫作赠。在此之前，祝先回去邀请充任虞祭的尸。返哭之后，主人和有关办事人员就去查看用于虞祭的牺牲。在孝子从墓地返回的同时，有关人员还要设几铺席，在墓的左边设祭以飨墓地之神。回来后，在正午进行安神之虞祭，下葬的当天就举行虞祭，是因为孝子不忍心和死去的亲人分离。就在当天，将虞祭的礼节代替奠祭的礼节。到了举行卒哭之祭时，祝要致辞说明，丧祭已经完毕，吉祭已经开始。就在这一天，开始以吉祭的礼节代替丧祭的礼节。卒哭的次日，在祖庙举行祔祭，使新死者的神灵附属于祖父。在将丧祭变成吉祭，一直到举行祔祭的过程中，一定要一天接着一天地进行，这是因为孝子不忍心死者的灵魂有一天无所归依的缘故。殷人在练祭以后才举行祔祭，周人则在卒哭以后就举行祔祭。孔子认为殷人的做法较好。

国君亲临臣下的丧事，巫要手拿桃枝，祝要手拿笤帚，小臣拿着戈矛护卫前行，这是要扫除不祥，保卫国君，压住凶邪之气，又表示礼节不同于活人。丧，就是渐灭的意思，是先王所不忍直言的。

安葬前灵柩要先到祖庙和父庙祭告，这是遵从死者『出必告』的孝心而行的礼仪。（死者）既已悲伤地离开了生前寝处的地方，因此要先到祖父和父母的庙内告别而后出发。殷礼朝庙后即停柩于祖庙内，周礼，朝庙后即下葬。

孔子认为，用明器殉葬的人，是真正知道办丧事的道理的，器物随葬备齐了，就是中看不中用。多么令人心痛呀！死人而用活人的器物随葬，那岂不相当于用活人来殉葬吗？之所以把殉葬的器物称为明器，意思就是把死者作为神明来看待的。用泥土制成的车，用茅草扎成的人，自古就有，这即是明器的道理。孔子认为，编扎草人、草马的人，是个心地仁厚的人，而用人偶的人则是个不仁的人，用人偶不是与用活人殉葬几乎一样啊！

鲁穆公问子思说：『大夫因故离去故国，后听闻原国君去世，就回来为其服齐衰三个月，这个礼在古代就有吗？』子思答复说：『古代的国君，在任用臣子的时候都按照礼的，在免去臣子官职的时候也是按照礼的，因此有返回来为旧君服丧的礼。而如今的国君，在招进人才的时候像要把他抱到膝上似地宠爱，而罢黜臣下官职的时候又好像要把他推进深渊似的。被罢黜的臣子，不带领别国的军队来攻击故国，也就很不错了，又哪里还有什么回过来为旧君服丧之礼可言呢？』

鲁悼公去世了，季昭子问孟敬子说：『为国君服丧，应当吃什么饭呢？』敬子回复说：『国君去世，臣子应当喝稀粥，这是天下的通礼。但是我们仲孙、叔孙、季孙三个做臣子的不能以臣礼侍奉国君，天下的人没有不知晓的。如果勉强节食，变成瘦弱的样子，我也能办到，但那样做不是更让人怀疑我们不是发自内心的真情，而是故意使自己外表瘦弱的吗？我还是正常吃我的饭吧。』

卫国司徒敬子去世后，子夏前去吊丧，当时主人未小殓改服，而子夏服麻带进入。当子游去吊丧时，主人已经小殓而改服，子游出来又加上麻带，又回来哭悼。子夏见后问子游：『你从前听老师说过吗？』子游说：『老师曾经说过的，凡主人未改服，则吊唁的人不加麻带。』

曾子说：『晏子能够称得上是一个很懂得礼的人了，他办理事情恭敬严谨。』有若说：『晏子一件狐皮袍子穿了三十年，为亲人举办丧事时，只用一辆遣车，急忙下葬完毕就回家了。根据礼的规定，国君的遣车应载每包七段牲肉，遣车用七辆；大夫应载每段五包牲肉，遣车用五辆。晏子怎么能够算得上是懂得礼呢？』曾子说：『假如国君治国无方，那么君子就耻于按礼数一一办到。在国人竞相奢靡的时候，就应向人们显示出节俭的作风；在国人推崇节俭的时候，就应向人们显示正规的礼节。』

国昭子的母亲去世，他问子张说：『送葬到墓地，男子和妇女的位置如何排列？』子张说：『司徒敬子的丧事，夫子襄礼，使男子面向西，妇女面向东。』国昭子说：『噫！不要这样。』又说：『我家的丧事，照如此排列待妇女太薄了。丧事专由你掌管。要使宾与宾站在一块，主人与主人站在一块，主家的妇女随从男子都面向西。』

穆伯死时，敬姜身为妻子光在白天哭；文伯死时，敬姜身为母亲昼夜都哭。孔子评价说：『她真是个懂礼的人。』文伯死时，敬姜倚靠他的床暂停哭声，说：『以前我有这个孩子的时候，看他颇有才华，想着将来会成为一个贤人，因此也就从来没有到他办公的地方去观察。如今他死了，朋友众臣中没有为他掉泪的，倒是他的妻妾等人为他痛哭流涕。这样看来，这个孩子，在待人接物之礼方面必定多有疏忽。』

季康子之母死，陈亵衣①。敬姜曰：『妇人不饰，不敢见舅姑。将有四方之宾来，亵衣何为陈于斯？』命彻之。

有子与子游立，见孺子慕者。有子谓子游曰：『予壹不知夫丧之踊也，予欲去之久矣。情在于斯，其是也夫。』子游曰：『礼，有微②情者，有以故兴物者。有直情径行者，戎狄之道也。礼道则不然。人喜则斯陶，陶斯咏，咏斯犹，犹斯舞，舞斯愠，愠斯戚，戚斯叹，叹斯辟，辟斯踊矣。品节斯，斯之谓礼。人死，斯恶之矣，无能也，斯倍之矣。是故制绞、衾，设蒌、翣③，为使人勿恶也。始死，脯、醢之奠，将行，遣而行之，既葬而食之，未有见其飨之者也。自上世以来，未之有舍也，为使人勿倍也。故子之所刺于礼者，亦非礼之訾也。』

吴侵陈，斩祀杀厉。师还出竟，陈大宰嚭使于师，夫差谓行人仪曰：『是夫也多言，盍尝问焉？师必有名，人之称斯师也者，则谓之何？』大宰嚭曰：『古之侵伐者，不斩祀，不杀厉，不获二毛④。今斯师也，杀厉与？其不谓之杀厉之师与？』曰：『反尔地，归尔子，则谓之何？』曰：『君王讨敝邑之罪，又矜而赦之，师与有无名乎？』

颜丁善居丧：始死，皇皇⑤焉如有求而弗得；及殡，望望焉如有从而弗及；既葬，慨焉如不及其反而息。

子张问曰：『《书》云：「高宗三年不言，言乃讙。」有诸？』仲尼曰：『胡为其不然也？古者天子崩，王世子听于冢宰三年。』

【注释】

①亵衣：内衣。

②微：节制。

③蒌翣：古代棺木的装饰。

④二毛：头发黑白混杂的老人。

⑤皇皇：六神无主的样子。

【译文】

季康子的母亲去世，陈列小殓所用的衣物时把内衣也摆设出来（让宾客观看）。敬姜说：『妇女不加装扮是不敢见公婆的。如今四方宾朋要来吊丧，其内衣怎么能够陈列在这里呢？』于是让他们撤去。

有子和子游在一块儿站立，看到一个小孩子在哭哭啼啼地寻找父母。有子对子游说：『我一直不知道为何丧礼中有跳脚的规定，我早就想废除这条规定。如今看来，孝子抒发悲哀思念的感情应该就和这孩子一样，只要是出自内心，能够想怎么哭就怎么哭，还要什么规定呢？』子游说：『礼的种种规定，有的是用来限制感情的，有的是借外在的事物以引起人们内在感情的。假如没有统一的规定，谁想怎么办就怎么办，那是野蛮民族的行为。如果依礼而行则不是这样。人们遇到可喜之事就感觉开心，感觉开心就想唱歌。唱歌还不尽兴，就摇动身体。摇动身体还不过瘾，就跳舞。跳舞到了极致就会心生怒气，心生怒气就会感到悲伤，悲伤则导致感叹，感叹就会抚胸捶胸，抚胸捶胸就要跳脚顿足。将这种种感情和行动加以区分和节制，这称为礼。人一死，就要被人讨厌；而且死人没有任何行为能力，人们就要背离他。所以制作包裹尸体的布带，覆盖尸体的被子，设置装饰灵柩的罩子，遮盖灵柩的翣扇，就是为了使人不感觉讨厌。人刚死的时候，用肉脯肉酱来祭奠他；即将出葬，又设置饮食为他送行；下葬之后，还有一系列馈食虞祭，献上食品供奉他，尽管从来没有看见鬼神来享用祭品，但是也并不因此而放弃祭奠，目的就在于不使人们违背死者。因此，您刚才对礼提出的批评，确实也算不上是礼的毛病。』

吴国侵伐陈国，损坏了祭祀的场所，杀了患病的百姓。后来吴军退出陈国境内的时候，陈国派行人仪为使者到吴军，吴王夫差说：『这个使者很会说话，我们何不问他一下，凡是军队一定要有个好名声，别人对我们的军队，将如何评论？』行人仪说道：『古人侵伐他国时，不损坏祭祀场所，不杀害患病的百姓，不捕获鬓发斑白的老人。如今贵国军队不是在杀害患病的百姓吗？难道不应该称为杀害病人的军队吗？』太宰嚭说：『要是现在把攻取的土地还给你们，把捕获的子民归还你们，那又该如何称呼我们的军队呢？』行人仪说：『贵国君王讨伐我国，是因为我们的过错，现在又怜惜并赦免我们，像这样的军队，又怎会没有好的名声呢？』

颜丁善于居丧，在亲人刚去世时，是六神无主的样子，好像急切希望亲人死而复生但又不能办到；到了行殡礼时，感到依依不舍，好像要追随亲人而去而又不能办到的样子。到了下葬之后，感到怅然若有所失，好像担忧亲人的灵魂来不及和他一起回家，因而走走停停地有所等待。

子张问道：『《尚书》上说：「殷高宗在三年居丧期间，专心守孝，不出一言一语。待他除服后一开口讲话，人们就感到十分喜悦。」确有此事吗？』孔子说：『怎么会没有这事呢！要知道，古时候，凡天子驾崩，世子就把国事托付宰相三年，由宰相代为治理，所以能够没有一句话涉及国事。』

知悼子卒，未葬。平公饮酒，师旷、李调侍，鼓钟。杜蒉自外来，闻钟声，曰：『安在？』曰：『在寝。』杜蒉入寝，历阶①而升，酌，曰：『旷饮斯！』又酌，曰：『调饮斯！』又酌，堂上北面坐饮之，降，趋而出。平公呼而进之，曰：『蒉！曩者尔心或开予，是以不予尔言。尔饮旷何也？』曰：『子、卯不乐。知悼子在堂，斯其为子、卯也大矣。旷也，大师也，不以诏，是以饮之也。』『尔饮调何也？』曰：『调也，君之亵臣也，为一饮一食，忘君之疾，是以饮之也。』『尔饮何也？』曰：『蒉也，宰夫也，非刀匕是共，又敢与知、防，是以饮之也。』平公曰：『寡人亦有过焉，酌而饮寡人！』杜蒉洗而扬觯。公谓侍者曰：『如我死，则必毋废斯爵也。』至于今，既毕献，斯扬觯，谓之『杜举』。

公叔文子卒，其子戍请谥于君曰：『日月有时，将葬矣。请所以易其名者。』君曰：『昔者卫国凶饥，夫子为粥与国之饿者，是不亦惠乎？昔者卫国有难，夫子以其死卫寡人，不亦贞乎？夫子听②卫国之政，修其班制，以与四邻交，卫国之社稷不辱，不亦文乎？故谓夫子「贞惠文子」。』

石骀仲卒，无适子，有庶子六人，卜所以为后者。曰：『沐浴佩玉则兆。』五人者皆沐浴佩玉。石祁子曰：『孰有执亲之丧而沐浴佩玉者乎？』不沐浴佩玉。石祁子兆，卫人以龟为有知也。

陈子车死于卫，其妻与其家大夫谋以殉葬，定而后陈子亢至，以告曰：『夫子疾，莫养于下，请以殉葬。』子亢曰：『以殉葬，非礼也。虽然，则彼疾当养者，孰若妻与宰？得已，则吾欲已；不得已，则吾欲以二子者之为之也。』于是弗果用。

子路曰：『伤哉贫也！生无以为养，死无以为礼也。』孔子曰：『啜菽饮水，尽其欢，斯之谓孝。敛首足形，还葬而无椁，称其财，斯之谓礼。』

卫献公出奔，反于卫，及郊，将班邑于从者而后入。柳庄曰：『如皆守社稷，则孰执羁靮而从？如皆从，则孰守社稷？君反其国而有私也，毋乃不可乎？』弗果班。

卫有大史曰柳庄，寝疾。公曰：『若疾革，虽当祭必告。』公再拜稽首，请于尸曰：『有臣柳庄也者，非寡人之臣，社稷之臣也，闻之死，请往。』不释服而往，遂以襚③之。与之邑裘氏与县潘氏，书面纳诸棺，曰：『世世万子孙，毋变也。』

陈乾昔寝疾，属其兄弟而命其子尊己曰：『如我死，则必大为我棺，使吾二婢子夹我。』陈乾昔死，其子曰：『以殉葬，非礼也，况又同棺乎？』弗果杀。

仲遂卒于垂，壬午犹绎④，万入去籥。仲尼曰：『非礼也，卿卒不绎。』

季康子之母死，公输若方小，敛，般请以机封，将从之。公肩假曰：『不可！夫鲁有初：公室视丰碑，三家视桓楹。般，尔以人之母尝巧，则岂不得以⑤？其毋以尝巧者乎，则病者乎？噫！』弗果从。

【注释】

①历阶：登阶不聚足，即一步一阶。

②听：治理、判决。

③襚(suì)：赠给死者的衣服。

④绎：祭的第二天又祭叫『绎』。

⑤不得以：即『不得已』。以，同『已』。

【译文】

晋是大夫知悼子死，还没有葬，晋平公就私下喝酒，由师旷、李调侍奉，并击钟奏乐。杜蒉从外面进来，听到钟声，询问晋国大夫说：『国君在哪里？』有人答复说：『在正寝。』杜蒉进入正寝，一脚一级台阶走到堂上，斟满一杯酒说：『旷，把这杯酒喝了！』又斟一杯酒说：『调，把这杯酒喝了！』又斟一杯酒，在堂上面向北而坐，把酒喝了，然后下堂，快步走出去。晋平公叫住他，让他上前来，说：『蒉，刚才我以为你有心开导我什么，因此没有同你说话。现在我问你：『你罚旷喝酒是为什么？』杜蒉答复说：『子卯两日不作乐。如今有知悼子的棺柩停在堂上，这比卯日违规饮酒还要严重。况是太师，不告诉君，因此罚他喝酒。』平公又问：『你罚调喝酒是为何呢？』杜蒉说：『调是君的贴身近臣，为贪吃喝，而忘了劝谏君的过失，因此罚他喝酒。』平公又问：『你自己饮酒又是为何呢？』杜蒉回答说：『我是个宰夫，不提供好餐具饮食，却敢于越权参与谏诤逸乐，因此自饮罚酒。』平公说：『寡人也有过失呢，斟酒罚寡人吧。』杜蒉便洗杯斟酒，高高举起献给平公。平公对侍奉的人说：『如果我死了，必定不要废弃这个酒杯！』直到现在，在燕礼上献酒完毕之后，还要向君举起这只酒杯献酒，叫作『杜举』。

公叔文子去世后，他的儿子戍向国君请求赐给谥号，说：『大夫三月而葬，现在葬期将近，请您赐给亡父一个谥号以便日后称谓。』卫灵公说：『从前卫国遭遇凶年饥荒，夫子施粥救济饥民，这不是爱民乐施的表现吗，这不是可以叫作「惠」。从前卫国发生内乱，夫子拼命保卫我，这不是可以叫作「贞」吗？夫子操持卫国国政，按照礼数的规定，当尊者尊，按尊卑等级治理整顿，与四邻来往，使卫国的声望没有受到玷污，这不是可以叫作「文」吗？因此，用「贞惠文子」当作夫子的谥号。』

卫国大夫石骀仲去世，他没有嫡子，只有六个庶子，因此只好用占卜的方法来确定谁做继承人。卜人说：『要先洗发洗身，然后佩戴上玉，龟甲上才会显出吉兆。』其中的五人都急忙洗发洗身，佩戴上玉。而石祁子却说：『哪里有居父之丧而能够沐浴佩玉的道理呢？』因此他不洗发洗身，不佩玉。说来也怪，龟甲却出现石祁子应该做继承人，因此，卫国人都认为龟甲很灵验。

陈子车死在卫国，他的妻子和他的家臣商量要用活人为他殉葬，商量定了之后陈子亢到来，便告知他说：『夫子有病，没有人在地下侍奉他，请允许用活人为他殉葬。』子亢说：『用活人殉葬，是不合乎礼的。虽然是这样，但一定要用活人殉葬，奉养他的病体的，有谁比妻子和家臣更合适？能消除这个决定，正是我的希望；不能消除，那我就想用你们二位为他殉葬。』结果用人殉葬的事没有推行。

子路说：『贫穷，是多么让人忧伤啊！亲人在世没有钱供养，死了又没有钱举办丧礼。』孔子说：『煮豆吃，喝凉水，但能使双亲精神愉快，这就称为孝。亲人死后衣衾能够遮盖他们的头、脚、身体，有棺没有椁，但只要做到和自家的财力相配，这就叫合乎礼。』

卫献公因内乱逃奔到齐国，后终于返回卫国。到了城郊，献公要把封地赏赐给跟从他逃亡的臣下，然后入城。太史柳庄说：『如果臣下都留在国内守住社稷、宗庙，那么，谁执鞭随侍跟随出逃呢？如果臣下都执鞭随侍跟随出逃，则又有谁来保护社稷宗庙呢？国君刚返回国家就有偏私，恐怕不可以这样吧？』最终没有颁赏。

卫国有一位太史叫柳庄，正卧病在床。卫献公对臣下说：『假如柳庄病危了，尽管我正在主持祭礼也要向我报告。』（结果的确献公祭祀时柳庄死了），献公闻报后，马上向尸再拜叩头，请示说：『有一位大臣叫柳庄，并不是我个人的臣，而是整个卫国的臣。现在听到他的死讯，请让我前去哭吊。』于是未脱去祭服前去，脱下祭衣馈赠给死者，又赏赐给他裘氏和潘氏两个邑的土地，并且书写在券上放进棺内，写着『世世代代子孙永不变』。

陈乾昔卧病在床，自知余日不多，因此就向他的兄弟交代后事，并要求他的儿子尊己说：『如果我死了，必定要给我做个大棺材，好让我的两个妾分躺在我的两旁。』陈乾昔死了之后，他的儿子说：『用活人殉葬，原本就不合礼，况且还要躺在同一棺材里呢？』最后没有杀父妾以殉葬。

仲遂在齐国的垂去世。壬午，噩耗已经传来，可鲁宣公并没有停下绎祭，只不过是在万舞中去掉了不重要的籥舞。孔子说：『如此做是违礼的。大臣死，绎祭就应当停止。』

季康子的母亲去世，公输若年龄还小。将要下葬的时候，公输般请求用他设计的机械来下棺。主人正要听从他的意见，公肩假说：『不行。鲁国有惯例：诸侯下棺比照天子使用的丰碑，三家下棺比照诸侯使用的桓楹。公输般，你用别人的母亲来检验你的机械，难道不这样做就不可以吗？难道没人检验你的机械，你会有病吗？噫！』结果没有听取公输般的意见。

战于郎，公叔禺人遇负杖入保者息，曰：『使之虽病也，任之虽重也，君子不能为谋也，士弗能死也，不可。我则既言矣。』与其邻重①汪踦往，皆死焉。鲁人欲勿殇重汪踦，问于仲尼。仲尼曰：『能执干戈以卫社稷，虽欲勿殇也，不亦可乎！』

子路去鲁，谓颜渊曰：『何以赠我？』曰：『吾闻之也，去国，则哭于墓而后行；反其国，不哭，展[2]墓而入。』谓子路曰：『何以处我？』子路曰：『吾闻之也，过墓则式，过祀则下。』

工尹商阳与陈弃疾追吴师，及之。陈弃疾谓工尹商阳曰：『王事也，子手弓而可。』手弓。『子射诸！』射之，毙一人，韔弓[3]。又及，谓之，又毙二人。每毙一人，揜其目。止其御曰：『朝不坐，燕不与。杀三人，亦足以反命矣。』孔子曰：『杀人之中，又有礼焉。』

诸侯伐秦，曹桓公卒于会。诸侯请含，使之袭。襄公朝于荆，康王卒。荆人曰：『必请袭！』鲁人曰：『非礼也。』荆人强之，巫先拂柩[4]，荆人悔之。

滕成公之丧，使子叔敬叔吊，进书，子服惠伯为介。及郊，为懿伯之忌，不入。惠伯曰：『政也，不可以叔父之私不将公事。』遂入。

哀公使人吊蕢尚，遇诸道，辟于路，画宫而受吊焉。曾子曰：『蕢尚不如杞梁之妻之知礼也。齐庄公袭莒于夺，杞梁死焉。其妻迎其柩于路而哭之哀。庄公使人吊之。对曰：「君之臣不免于罪，则将肆诸市朝[5]，而妻妾执。君之臣免于罪，则有先人之敝庐在，君无所辱命。」』

【注释】

①重：『童』，指未成年。

②展：周巡省视。

③韔（chàng）：古代盛弓的袋子。此作动词用，把弓装在弓袋里。

④巫先拂柩：巫先用桃枝拂拭了一下灵柩，以祛除凶邪。

⑤肆诸市朝：杀死后陈尸示众叫肆。大夫肆于朝，士以下肆于市。

【译文】

鲁国军队在郎邑正在与齐国侵略军交战。公叔禺在路上看到扛着杖的守城人疲惫地进入城堡休息。禺人说：『国家的徭役的确太重了，赋税也确实太重了，卿大夫不能抗敌安民，士又不能保卫国家，我正为此深感不安和耻辱。我已说过要抗敌卫国，我就要上前线去。』于是他与邻居、少年汪踦一同上前线去了，后来都牺牲了。（战事结束）鲁人将安葬汪踦时想不用未成年人的丧礼（是否得体），去向孔子求教。孔子说：『（汪踦）能拿着刀枪去保卫国家，国人想不用未成年人的丧礼，而提高丧礼规格，按照成年人丧礼安葬，也是可以的？』

子路要离去鲁国，对颜渊说：『告别之际，你有什么话送我呢？』颜渊说：『我听说，要离开故国，应当先到祖坟上哭禀一番再起身；返回故国，就不需哭了，只要到坟上巡视一圈就能够入城。』说完，颜渊又对子路说：『你给我留下什么话让我栖身鲁国呢？』子路说：『我听说，路过墓地就应凭轼致敬，路过社坛就应下车致敬。』

工尹商阳和陈弃疾追赶吴军，追上了，陈弃疾对工尹商阳说：『这是为了君王的事业，你能够把弓拿在手里。』商阳把弓拿在手里。（陈弃疾又说）：『你射箭吧。』商阳射箭，射死一人，把弓放入弓袋。又追上吴军（陈弃疾又让商阳拿弓射箭），商阳又射死两人。每射死一人，商阳就把死者的眼闭上。商阳阻止他的驾车人说：『我们朝见国君而不得参与在路寝中坐议国事，参与燕礼也没有坐席，杀死三个敌人，也足能够回去交差了。』孔子说：『在杀人的过程中，还有礼呢。』

诸侯国联合征伐秦国，曹宣公在会盟时死了。诸侯们请示为他行含礼，曹国又让诸侯们为曹宣公穿殓衣。鲁襄公到楚国去拜见，赶上楚康王去世，楚人对襄公说：『请一定要为王穿衣。』鲁人说：『这不合乎礼。』楚人硬要襄公这样做。因此襄公用君临臣丧之礼让巫拿着桃枝先把棺柩拂了拂，结果楚人很懊悔。

滕成公的丧事，鲁国派子叔敬叔前去吊唁，并呈献鲁君赠物的清单，又派子服惠伯为副使。到滕国都城近郊之日，正遇惠伯父亲懿伯的忌日。为此，敬叔想推迟进城。但是惠伯说：『我们是代表鲁国国君来的，不能因我叔父的忌日而耽搁公事。』于是就入城了。

鲁哀公派人去看望正在主丧的蒉尚，使者正好与出葬的队伍在路上遇见，蒉尚就在路边避让一块地，画出殡宫的方位，而接受哀公使者的吊唁。曾子说：『蒉尚不及杞梁之妻懂礼。从前齐庄公攻击莒时杞梁战死在狭路之中。其妻迎接丈夫的灵柩在路上哭得很悲痛。齐庄公派人前去吊丧。杞梁妻说：「君王的臣下假如有罪，则当陈尸在市朝，妻妾也抓起来；君王的臣下如果能够免除罪罚，则还有上代遗留的破屋在，可以接待国君的使者，不能不合礼仪地在郊外进行吊唁而侮辱了国君的命令。」』

孺子鞼之丧，哀公欲设拨，问于有若。有若曰：『其可也，君之三臣犹设之。』颜柳曰：『天子龙輴而椁，帱；诸侯輴而设帱，为榆沈，故设拨。三臣者废輴而设拨，窃礼之不中者也，而君何学焉？』

悼公之母死，哀公为之齐衰。有若曰：『为妾齐衰，礼与？』公曰：『吾得已乎哉！鲁人以妻我。』

季子皋葬其妻，犯人之禾，申祥以告，曰：『请庚之。』子皋曰：『孟氏不以是罪予，朋友不以是弃予，以吾为邑长于斯也。买道而葬，反难继也。』

仕而未有禄者，君在馈焉曰『献』，使焉曰『寡君』。违而君薨，弗为服也。

虞而立尸，有几筵。卒哭而讳，生事毕而鬼神事始已。既卒哭，宰夫执木铎以命于宫曰『舍故而讳新。』自寝门至于库门。

二名不偏①讳。夫子之母名徵在，言『在』不称『徵』，言『徵』不称『在』。

军有忧，则素服哭于库门之外，赴车不载櫜韔。

有焚其先人之室，则三日哭。故曰『新宫火，亦三日哭』。

孔子过泰山侧，有妇人哭于墓者而哀。夫子式而听之，使子路问之，曰：『子之哭也，壹似有重忧者？』而曰：『然。昔者吾舅②死于虎，吾夫又死焉，今吾子又死焉。』夫子曰：『何为不去也？』曰：『无苛政。』夫子曰：『小子识之，苛政猛于虎也！』

鲁人有周丰也者，哀公执挚③请见之，而曰『不可』。公曰：『我其已夫。』使人问焉，曰：『有虞氏未施信于民而民信之，夏后氏未施敬于民而民敬之。何施而得斯于民也？』对曰：『墟墓之间，未施哀于民而民哀；社稷宗庙之中，未施敬于民而民敬。殷人作誓而民始畔，周人作会而民始疑。苟无礼义、忠信、诚悫之心以莅之，虽固结之，民其不解乎？』丧不虑居，毁不危身。丧不虑居，为无庙也；毁不危身，为无后也。

延陵季子适齐，于其反也，其长子死，葬于嬴、博之间。孔子曰：『延陵季子，吴之习于礼者也。』往而观其葬焉。其坎深不至于泉，其敛以时服。既葬而封，广轮揜坎，其高可隐④也。既封，左袒，右还其封且号者三，曰：『骨肉归复于土，命也！若魂气则无不之也，无不之也！』而遂行。孔子曰：『延陵季子之于礼也，其合矣乎！』

邾娄考公之丧，徐君使容居来吊含，曰：『寡君使容居坐含，进侯玉，其使容居以含。』有司曰：『诸侯之来辱敝邑者，易则易，于则于，易、于杂者，未之有也。』容居对曰：『容居闻之：事君不敢忘其君，亦不敢遗其祖。昔我先君驹王，西讨济于河，无所不用斯言⑤也。容居，鲁人也，不敢忘其祖。』

【注释】

①偏：同『遍』。

②舅：指丈夫的父亲。

③挚：通『贽』，见面的礼物。

④隐：指封土的高度，可以用手扶住。

⑤无所不用斯言：谓总是用天子的口吻对诸侯讲话。

【译文】

在办鲁哀公少子的丧事时，鲁哀公想在殡车上添上只有天子、诸侯才能使用的拨，问有若是否行。有若说：『当然行了。您的仲孙、叔孙、季孙三家大夫还使用拨呢，您的儿子有何不行？』颜柳说：『天子的殡车，车辕上画有龙，车周围又积木似椁，再加上覆棺的盖子；诸侯的殡车，只加上棺罩。由于他们的殡车是榆木做的，很沉重，所以才特意设拨拉车。三家大夫不敢用天子、诸侯的殡车，却又任用了只有天子、诸侯才能使用的拨，这是借用天子、诸侯之礼又走了样，您何必仿效他们呢？』

悼公的母亲去世了，哀公为她服齐衰。有若感觉奇怪，就带有讥讽的口吻问道：『为妾服齐衰，这合乎礼的规定吗？』哀公说：『我这也是没有办法呀！鲁国人都把她看作是我的妻子。』

季子皋埋葬他的妻子时，踩坏了他人田地里的禾苗，申祥把情况告知了他，并且说：『建议赔偿人家。』子皋说：『孟氏不由于这么一点小事责怪我，朋友也不由于这么一点小事而遗弃我，由于我是本邑的长官，就算我愿意赔偿，买路而葬，只怕此例一开，后人很难照办哪。』

初任公职还没有确定俸禄的，对国君有所馈赠称为『献』，去往异国称国君为『寡君』。离开该国而国君死，不为君服丧。

举办虞祭要立尸，并设置几案和竹席。卒哭祭之后避讳说死者的名字，这意味着把死者当活人一样服侍已经结束，而开始作为鬼神来敬奉，卒哭祭之后，宰夫敲着木铎在宫中宣布说：『废除旧的名讳，而开始遵行新的名讳。』从寝门一直宣布到库门。

如果是双字名，对这两个字不用同时都避讳。孔子的母亲名为『征在』，说『在』字就不说『征』字，说『征』字就不说『在』字。

军队打了败仗，国君率群臣着素衣、素裳、素冠在库门外哭，回国报告战败消息的军车上，所载的甲和武器不储藏在袋子里。

假如有人烧毁先人的宗庙，就要哭上三天。所以『春秋』记载说：『新建的宗庙发生火灾，成公哭了三天。』

孔子从泰山旁边路过，看到一个妇人在墓前哭得很悲伤，就停下了车，俯身凭轼专心地倾听。然后让子贡去问那位妇人：『听你的哭声，好像接二连三遭遇不幸似的。』妇人止住了哭声回答道：『不错。以前我的公爹被老虎咬死了，接下来我的丈夫又被老虎咬死了，近来我的儿子也被老虎咬死了。』夫子问道：

『那么为何不离开这里呢？』妇人回答说：『由于此地没有繁重的徭役和赋税。』夫子对学生们说：『你们要记得，繁重的徭役和赋税，比老虎还要凶猛啊！』

鲁国有个叫周丰的人，鲁哀公带上见面礼要去拜见他，周丰礼貌地表示『不敢当』。哀公说：『那我就不去了吧。』因此就派人去请教，说：『有虞氏并未做要人们信任的事而百姓却信任他；夏后氏并未教育百姓敬重而百姓却敬重他。他们用的什么办法让老百姓做到了这一点呢？』周丰答复说：『在废墟坟墓当中，你不教育百姓悲哀百姓也会自然而然地悲哀；在社稷宗庙当中，你不教育百姓肃敬百姓也会自然而然地肃敬。殷人盛行发誓，而百姓却开始叛离；周人盛行会盟，而百姓却开始怀疑。如果你自己首先不是用礼义忠信仁厚之心对待百姓，虽硬是把百姓团结到一起，百姓难道就不会分散吗？』守丧不考虑居处的安逸，悲伤憔悴、容颜改变而不能损坏身体。守丧不考虑居处的安逸，是因为亲人的神灵还未归宗庙、无所凭依；悲伤憔悴、容颜改变而不能损坏身体，是怕断绝了后代。

吴国公子延陵季子到齐国聘问，在回吴路上与其同行的长子去世，就安葬在齐国嬴邑和博邑之间。孔子知道消息后说：『延陵季子是吴国通晓礼仪的人。』于是前去观看他办的葬礼。其墓圹深不到泉水，入殓的全是平时穿的衣服，安葬之后加的封土，横与直只能掩盖墓穴，其高度也为触手可及。封土结束，延陵季子露出左臂，向左围着坟墓哀哭三圈，说：『亲生骨肉回到大地，这是天命如此无可奈何；你的魂魄则是无处不在的，无所不往啊（意即可随我返回吴国）。』哭毕就又上路了。孔子看了延陵季子葬子之礼后说：『延陵季子所行的礼是合情合理的！』

邾娄在为定公办丧事时，徐国国君派容居来吊唁，并对定公行含玉礼。容居致辞说：『敝国的国君派我来坐行含礼，进献侯爵所含的玉璧。请让我行含礼。』邾娄的臣子说：『凡是各国诸侯屈尊到达敝国，该行臣礼的就行臣礼，该行君礼的就行君礼，君礼臣礼不分的，我们可没有办过。』容居答复说：『我听说：代表国君办事，就不敢忘记国君的身份，也不敢忘记他的祖先。过去我们的先君驹王往西讨伐，渡过了黄河，对待诸侯他一直是以王者的身份说话做事的。我尽管很愚钝，但也不敢忘记祖先说话做事的规矩。』

子思之母死于卫，赴于子思，子思哭于庙。门人至，曰：『庶氏之母死，何为哭于孔氏之庙乎？』子思曰：『吾过矣！吾过矣！』遂哭于他室。

天子崩，三日，祝先服；五日，官长服①；七日，国中男女服；三月，天下服。虞人致百祀之木，可以为棺椁者斩之。不至者，废其祀，刎其人。

齐大饥，黔敖为食于路，以待饿者而食之。有饿者蒙袂辑屦，贸贸然②来。黔敖左奉食，右执饮，曰：『嗟来食！』扬其目而视之，曰：『予唯不食嗟来之食，以至于斯也。』从而谢焉，终不食而死。曾子闻之，曰：『微与！其嗟也可去，其谢也可食。』

邾娄定公之时，有弑其父者。有司以告，公瞿然失席曰：『是寡人之罪也。』曰：『寡人尝学断斯狱矣：臣弑君，凡在官者杀无赦；子弑父，凡在宫者杀无赦。杀其人，坏其室，洿其宫而猪焉。盖君逾月而后举爵。』

晋献文子成室，晋大夫发③焉。张老曰：『美哉轮焉！美哉奂焉！歌于斯，哭于斯，聚国族于斯。』文子曰：『武也，得歌于斯，哭于斯，聚国族于斯，是全要领以从先大夫于九京也。』北面再拜稽首。君子谓之善颂、善祷。

仲尼之畜狗死，使子贡埋之，曰：『吾闻之也：敝帷不弃，为埋马也；敝盖不弃，为埋狗也。丘也贫，无盖，于其封也，亦予之席，毋使其首陷焉。』路马④死，埋之以帷。

季孙之母死，哀公吊焉，曾子与子贡吊焉，阍人为君在，弗内也。曾子与子贡入于其厩而修容焉。子贡先入，阍人曰：『乡者已告矣。』曾子后入，阍人辟之。涉内霤，卿大夫皆辟位，公降一等而揖之。君子言之曰：『尽饰之道，斯其行者远矣。』

阳门之介夫死，司城子罕入而哭之哀。晋人之觇宋者，反报于晋侯曰：『阳门之介夫死，而子罕哭之哀，而民说，殆不可伐也。』孔子闻之曰：『善哉觇国乎！《诗》云：「凡民有丧，扶服救之。」虽微晋而已，天下其孰能当之？』

鲁庄公之丧，既葬，而绖不入库门。士、大夫既卒哭，麻不入。

孔子之故人曰原壤，其母死，夫子助之沐椁。原壤登木⑤曰：『久矣予之不托于音也。』歌曰：『狸首之斑然，执女手之卷然⑥。』夫子为弗闻也者而过之。从者曰：『子未可以已乎？』夫子曰：『丘闻之：亲者毋失其为亲也，故者毋失其为故也。』

【注释】

①官长：犹言百官。服：服杖。

②贸贸然：两眼昏花、无精打采。

③发：发言赞颂。

④路马：天子乘的马。

⑤登木：叩木。

⑥卷然：光滑细腻之状。

【译文】

子思的母亲在卫国去世。有人向子思报丧，子思就到祖庙里去哭。子思的弟子进来说：『庶氏家里死了母亲，你为何要跑到孔氏的祖庙里哭呢？』子思急忙说：『我错了！我错了！』因此就到别的房子里去哭。

天子去世三天后，帮助丧礼的祝先服丧，手持丧杖；五天后，国家各级官员服丧手持丧杖；七天后，王畿内的平民百姓服丧；三个月后，天下诸侯及卿大夫全都服丧。掌控山泽的虞人要管理罗致王畿内经历百祀的树木，凡是适合做棺椁的树都砍下来用。那些不愿献上木材的地方，就把当地的神社废除，杀掉那里的主管人员。

齐国出现严重的饥荒，黔敖在路边准备好饭食，用来给经过的饥民充饥。有一个饥民，用袖子盖着脸，无力地拖着脚步，无精打采地走来。黔敖左手端着饭，右手拿着汤罐，用怜悯的语气喊道：『喂！来吃吧！』那个饥民抬起眼睛看看他说：『我就是由于不愿意吃嗟来之食，因此才落到这步田地。』黔敖听了急忙上前向他道歉，但他还是不愿吃，因而饿死了。曾子听到这件事之后，就说：『恐怕不该如此吧！人家没有好声气地叫你吃，你当然能够拒绝，但是人家既然已经道歉了，那就应当吃。』

邾娄定公在位的时候，有个人杀害了自己的父亲。掌管刑事的官员把这件事禀报定公。定公惊奇地瞪大了眼睛，偏离了坐席，说：『我没有把人民教导好，这是我的过错。』然后又说：『我曾学过判决这类案子：如果做臣子的杀害国君，那么凡是在官府担任公职的人都能够把他抓来杀死，绝不赦免；如果做儿子的杀害父亲，那么凡是在家的人都能够把他抓住杀死，绝不赦免。不仅要杀害凶手，而且还要拆掉他的房子，把房基庭院挖成池子，灌满水。国君一个月之后才能饮酒。』

晋国献文子新盖了一座宫室，晋大夫都去送礼庆祝。张老称赞说：『这高大的屋宇多壮观呀！这明亮的居室多漂亮呀！今后能够在这里祭祀作歌，在这里居丧痛哭，在这里和僚友宗族聚会宴饮了。』文子说：『我能在这里祭祀作歌，在这里居丧痛哭，在这里和僚友宗族聚会宴饮，这表示我将来保全了身体，能同先祖先父合葬在九原啊！』说完后就向北面再拜叩头表示感谢。君子们都说他们一个善于称赞，一个善于祈福。

孔子养的狗死了，叫子贡去埋了，并说：『我听先人说，破的帷帐不扔掉，可用来埋马；破的车盖不扔掉，可用于埋狗。我家里穷，没有车盖，对狗的埋葬，用席子，不要让它直接埋进土中。』国君乘的马死去了，则用帷帐包身。

季孙的母亲去世，鲁哀公去吊唁。曾子和子贡也去吊唁，守门人由于国君在里面，不让他二人进去。曾子和子贡便到季孙的马厩去修整仪容。然后子贡先进去，守门人说：『刚才已经替您报告过了。』曾子后进去，守门人为他让路，到达门内屋檐流水处的时候，卿大夫们都让位，鲁哀公也为他们下堂阶一级，向两人作揖。君子谈到这件事说：『尽心修整仪容的道理，一定能够流传得很久远呢。』

宋国阳门的一名甲衣卫士去世，司城子罕到他家去哭，哭得很伤心。晋国的一个打探宋国情报的人，回国汇报晋侯说：『阳门的一名甲衣卫士死了，而子罕哭他哭得很伤心，宋国人民对此都很满意，恐怕不能够进攻宋国。』孔子听闻了这件事，说：『干得真不错啊，这人真会打探别国情报啊！《诗经》中说：「别人家有死丧事，我都尽力去协助。』不能侵伐宋国，不仅仅晋国而已，天下有哪个国家能去侵伐呢？』

鲁庄公的丧事，下葬后，鲁闵公就换上了吉服，没有穿着丧服进入库门。鲁国的士、大夫在卒哭祭之后就除丧了，也没有穿着丧服进入库门。

孔子有一位老朋友叫原壤，他的母亲死后，孔子协助他治理棺椁。原壤却拍着棺木说：『我很长时间没有寄情于音乐。』因此唱道：『棺木木纹多华丽，好像狸猫的头一样斑斓绚丽；握着你的手，卷卷然是如此柔弱滑腻。』孔子就当没听见。孔子的弟子们说：『先生不是能够停止同他交往了么？』孔子说：『我听说，对亲人不能由于一点过失就抛弃亲人，对朋友也不能由于有过失就抛弃朋友。』

赵文子与叔誉观乎九原。文子曰：『死者如可作也，吾谁与归？』叔誉曰：『其阳处父乎？』文子曰：『行并植于晋国，不没其身，其知不足称也。』『其舅犯乎？』文子曰：『见利不顾其君，其仁不足称也。我则随武子乎！利其君不忘其身，谋其身不遗其友。』晋人谓文子知人。文子其中退然①如不胜衣，其言呐呐然如不出诸其口。所举于晋国管库之士七十有余家，生不交利，死不属其子焉。

叔仲皮学子柳。叔仲皮死，其妻鲁人也，衣衰而缪绖。叔仲衍以告，请繐衰而环绖，曰：『昔者吾丧姑、姊妹亦如斯，末吾禁也。』退，使其妻繐衰而环绖。

成人有其兄死而不为衰者，闻子皋将为成宰，遂为衰。成人曰：『蚕则绩而蟹有匡，范则冠②而蝉有緌，兄则死而子皋为之衰。』

乐正子春之母死，五日而不食。曰：『吾悔之。自吾母而不得吾情，吾恶乎用吾情！』

岁旱，穆公召县子而问然，曰：『天则不雨，吾欲暴尪而奚若？』曰：『天则不雨，而暴人之疾子，虐，毋乃不可与！』『然则吾欲暴巫而奚若？』曰：『天则不雨，而望之愚妇人，于以求之，毋乃已疏乎！』『徙市[③]则奚若？』曰：『天子崩，巷市七日；诸侯薨，巷市三日。为之徙市，不亦可乎？』

孔子曰：『卫人之祔[④]也，离之；鲁人之祔也，合之，善夫！』

【注释】

①退然：柔弱的样子。

②范则冠：范即是蜂，形容蜂头像冠一样。

③徙市：即关闭集市。

④祔：夫妇合葬。

【译文】

赵文子和叔誉一起在九原巡视，文子说：『这墓地中埋葬的死者如果可以复活，我应该和谁一道回去吧？』叔誉回答说：『可能是阳处父吧？』文子说：『阳处父在晋国身为大傅，却刚强而无谋略，在晋国独断专权不得善终，他的智慧让人不敢恭维。』叔誉又说：『那么舅犯行吗？』文子说：『舅犯在考虑自己的利益时就不考虑国君，他的「仁爱」也让人不敢恭维。我最赞成和爱戴的人是随武子，他既能为国君利益考虑，也能顾及个人利益；他既能为自己打算，又不忘却朋友。』晋国人都认为文子很知人。文子的身体羸弱得好像连衣服的重量都承受不了，讲起话来迟钝缓慢得像很难出口。他为晋国推荐的管理仓库的官员多达七十余人，但在他生前却从来不和他们在钱财上有来往，死后也不把孩子交付给他们。

叔仲皮平常教他的儿子子柳学习。仲叔皮去世了，他的儿媳妇尽管是个粗人，但也知为公公服齐衰并头戴缠于后颈打好结的丧带。叔仲衍认为不当着此丧服，就把他自己的想法告诉给侄儿子柳，让子柳催促她让他妻子服繐衰头戴单环丧带即可，并且说：『以前我为去世的姑姑、姊妹就是穿这种丧服，也没有人阻挡我不让穿。』子柳回到家中，就让他的妻子改服繐衰和头戴单环丧带。

有死了兄长而不服丧的人，但当听闻子皋即将来担任成邑的邑宰，才都制作丧服穿上。人为此而编造一首歌谣：『本该蚕儿吐丝织茧，但蟹却做了个筐；本该蜂的头上有冠，但蝉的口下却做了个冠带，兄长去世他本该服丧而不服，却因为子皋要来作宰，赶紧穿上丧服。』

乐正子春的母亲死了，子春居丧水浆不入口五日。后来，子春却说：『我很懊悔这样做。既然我对母亲不能致以真情，我还能到哪里表达我的真情呢？』

遇到了干旱的年景，穆公请县子来询问说：『天很长时间没有下雨了，我准备把有尪病的人放到太阳底下去晒晒，你看如何？』县子回答说：『天很长时间没下雨，您就把有病的孩子放到太阳底下晒，如此做不是太残忍了吗，恐怕不行吧。』『那么晒晒女巫师如何？』回答说：『天不下雨，而寄望于愚笨的女人，通过晒她们来求雨，岂不是违背常理吗？』又问：『那么罢市如何？』回答说：『天子去世，罢市七天；诸侯去世，罢市三天。为了求雨而罢市，不也是可以的吗！』

孔子说：『卫人合葬的方式，是分设两个墓坑并排安葬；鲁国人合葬的方式，是两人用一个墓坑安葬。还是鲁国人的方式比较好。』

王制

王者之制禄爵，公、侯、伯、子、男，凡五等。诸侯之上大夫卿、下大夫、上士、中士、下士，凡五等。

天子之田方千里，公、侯田方百里，伯七十里，子、男五十里。不能①五十里者，不合于天子，附于诸侯，曰『附庸』。天子之三公之田视公、侯，天子之卿视伯，天子之大夫视子、男，天子之元士视附庸。

制：农田百亩。百亩之分，上农夫食九人，其次食八人，其次食七人，其次食六人，下农夫食五人。庶人在官者，其禄以是为差也。

诸侯之下士视上农夫，禄足以代其耕也。中士倍下士，上士倍中士，下大夫倍上士，卿四大夫禄。君十卿禄。次国之卿，三大夫禄，君十卿禄。小国之卿，倍大夫禄，君十卿禄。

次国之上卿，位当大国之中，中当其下，下当其上大夫。小国之上卿，位当大国之下卿，中当其上大夫，下当其下大夫。其有中士、下士者，数各居其上之三分。

凡四海之内九州。州方千里，州建百里之国三十，七十里之国六十，五十里之国百有二十，凡二百一十国。名山大泽不以封，其余以为附庸、间田②。八州，州二百一十国。天子之县内，方百里之国九，七十里之国二十有一，五十里之国六十有三，凡九十三国。名山、大泽不以盼。其余以禄士，以为田间。凡九州，千七百七十三国，天子之元士、诸侯之附庸，不与。

天子百里之内以共官，千里之内以为御。

千里之外设方伯。五国以为属，属有长；十国以为连，连有帅；三十国以为卒，卒有正；二百一十国以为州，州有伯。八州八伯，五十六正，百六十八帅，三百三十六长。八伯各以其属属于天子之老二人，分天下以为左、右，曰『二伯』。

千里之内曰『甸』，千里之外曰『采』，曰『流』[3]。

天子三公、九卿、二十七大夫、八十一元士。

大国三卿，皆命于天子，下大夫五人，上士二十七人。

次国三卿，二卿命于天子，一卿命于其君，下大夫五人，上士二十七人。

小国二卿，皆命于其君，下大夫五人，上士二十七人。

天子使其大夫为三监，监于方伯之国，国三人。天子之县内诸侯，禄也；外诸侯，嗣也。

制：三公一命卷，若有加，则赐也，不过九命[4]；次国之君不过七命，小国之君不过五命。大国之卿不过三命，下卿再命；小国之卿与下大夫一命。

凡官民材，必先论之[5]。论辨然后使之。任事然后爵之，位定然后禄之。爵人于朝，与士共之；刑人与市，与众弃之。是故公家不畜刑人，大夫弗养，士遇之途，弗与言也。屏之四方，唯其所之，不及以政，亦弗故生也。

诸侯之于天子也，比年一小聘，三年一大聘，五年一朝。

【注释】

①能：足。

②间田：间，通『闲』。古时封建以土地封国，封余之田谓之闲田。

③采：九州内之地。流：九州之外夷狄之地。

④不过九命：等级不能超过九命。

⑤论之：考察其德与才。

【译文】

天子为臣下制定俸禄和爵位。就爵位来说，有公、侯、伯、子、男，共五等。诸侯为其臣下制定的爵位，有上大夫卿、下大夫、上士、中士、下士，也是一共五等。

天子的田有一千平方里，公爵、侯爵的田有一百平方里，伯爵的田有七十平方里，子爵、男爵的田有五十平方里。有田不足五十平方里的，不能朝会于天子，附属于诸侯国，称作『附庸』。天子的三公所占的田地，比照公爵，侯爵，天子的卿所占的田地比照伯爵，天子的大夫所占的田地比照子爵、男爵，天子的上士所占的田地比照附庸。

制度规定：一个农夫受田百亩。百亩土地按肥瘠分级，上等土地一个农夫能够供养九人，次一等的能够供养八人，再次一等的能够供养七人，再次一等的能够供养六人，下等土地一个农夫能够供养五人。庶人在官者的俸禄，按照这五等农夫的收入区分等级。

诸侯的下士的俸禄比照上农夫，使他们的俸禄能够比得上他们务农耕田所得的收获。中士的俸禄比下士多一倍，上士比中士的多一倍，下大夫比上士多一倍，大国的卿的俸禄是大夫的四倍。国君的俸禄是卿的十倍。次等诸侯国的卿的俸禄是大夫的三倍，国君的俸禄是卿的十倍。

小国的卿的俸禄比大夫多一倍，国君的俸禄是卿的十倍。次等诸侯国的上卿，其爵位等于大国的中卿，中卿等于大国的下卿，下卿地位等于大国的上大夫。小国的上卿，地位等于大国的下卿，小国中卿地位等于大国的上大夫，下卿等于大国的下大夫。

天下总共有九个州，每个州方圆一千平方里。每州之内建立一百平方里的大诸侯国三十个，七十平方里的中等诸侯国六十个，五十平方里的小诸侯国一百二十个，总共二百一十个诸侯国。名山大泽不分封给诸侯。剩余之地就当作附庸，或者闲置备用。这样的州总共八个，每个州都是二百一十个诸侯国。天子王畿所在的州，只分封方圆一百里的大国九个，方圆七十里的中等诸侯国二十一个，方圆五十里的小诸侯国六十三个，总共是九十三个国。名山大泽不封给诸侯。剩余的地当作士的禄田或闲置备用。九个州总共有一千七百七十三个国，而天子的上士的封地、诸侯的附庸都不包含里边。

天子畿内，距王城百里之地，所交赋税用为官府的文书财用，距王城千里之地，所交赋税作为天子所用之膳食、服饰、车马开销。

王畿之外的每一州设一长官，称为方伯。一州之内，五个诸侯国为一属，立属长一人；十个诸侯国为一连，立连帅一人；三十个诸侯国为一卒，立卒正一人。一百一十个诸侯国为一州，立方伯一人。畿外八州，一共八个方伯，五十六个卒正，一百六十八个连帅，三百三十六个属长。这八个方伯各自带领本州的诸侯服从天子之老二人。天子之老二人，一人管西方四州，一人管东方四州，称为『二伯』。

距王城千里以内的地区称为『甸』，王畿千里以外的称『采』、称『流』。

天子的官名，有三公，九卿，二十七大夫，八十一上士。

大诸侯国的官属，有三卿，都由天子直接指派，另设下大夫五人，上士二十七人。

中等诸侯国的官属，有三卿，其中两个是由天子直接指派的，一个是国君指派的，另设下大夫五人，上士二十七人。其中中士、下士，数量各居同级的三分。

小诸侯国设二卿，都由国君直接指派，另设下大夫五人，上士二十七人。

天子指派他的大夫当三监，代表天子去考察每州的方伯，每国派三人。王畿内分封给公卿的土地，那是一种禄田，活着享用，死后归还。王畿外分封给诸侯的土地，那是能够世袭的。

命服的规定：天子的三公本已八命，再加一命成九命，就能够穿衮衣了。如果再有增加，只能是特别的恩赐，因为人臣不可能超过九命。次等诸侯国的国君最多七命，小国之君至多五命。大国上卿至多三命，下卿至多二命，小国之卿与下大夫全是一命。

凡是挑选平民中有才能的人做官，一定要先考察他的德才，若能胜任其事，再授给相应的爵位；爵位既定，然后给予对应的俸禄。授人爵位要在朝廷上，让朝士一起参加，来显示公正无私；在闹市上处罚犯人，让众人都厌弃他，来显示刑法严明。所以公卿的家里不使用受过刑的人，大夫也不任用受过刑的人，士在路上遇到受过刑的人也不和他说话。把受过刑的人放逐到边远地区，随便他们到哪儿去，国家也不向他们征役，就是不要他们活在世上的意思。

诸侯对天子，每年派大夫去觐见一次，每三年派卿去觐见一次，每五年诸侯亲自拜见一次。

天子五年一巡守。岁二月，东巡守，至于岱宗，柴而望祀山川，觐诸侯，问百年者就见之。命大师陈诗，以观民风。命市纳贾，以观民之好恶，志淫好辟。命典礼考时、月，定日，同律、礼、乐、制度、衣服，正之。山川神祇有不举者为不敬，不敬者君削以地；宗庙有不顺者为不孝，不孝者君绌以爵；变礼易乐者为不从，不从者君流；革制度衣服者为畔，畔者君讨。有功德于民者，加地进律①。五月，南巡守，至于南岳，如东巡守之礼。八月，西巡守，至于西岳，如南巡守之礼。十有一月北巡守，至于北岳，如西巡守之礼。归假于祖祢②，用特。

天子将出，类乎上帝，宜乎社，造乎祢。诸侯将出，宜乎社，造乎祢。天子无事与诸侯相见曰『朝』，考礼、正刑、一德，以尊于天子。天子赐诸侯乐，则以柷将之；赐伯、子、男乐，则以鼗将之。诸侯赐弓矢，然后征；赐铁钺③，然后杀；赐圭瓒，然后为鬯。未赐圭瓒，则资鬯于天子。

天子命之教，然后为学。小学在公宫南之左，大学在郊。天子曰『辟廱』，诸侯曰『頖宫』④。

天子将出征，类乎上帝，宜乎社，造乎祢，禡⑤于所征之地。受命于祖，受成于学。出征执有罪，反，释奠于学，以讯馘告。

【注释】

①进律：犹晋爵。

②假：至。祖：指太祖庙、高祖庙、曾祖庙、祖父庙。祢：父庙。

③铁钺：皆古代常作为行刑的器具。铁是斧，钺是大斧。

④頖宫：周代诸侯所立大学，东西两门以南有水相环而通。

⑤禡（mà）：指行兵打仗时举行的军祭。

【译文】

天子每隔五年到全国各地巡察一次。到了应该巡察的那一年的二月，先到东方巡察，来到泰山，在山上烧柴祭天，并望祀东方的山川。接见东方各国诸侯，登门造访当地年近百岁的老人。要求各诸侯国掌管音乐的太师进陈采集本地的诗歌民谣，从而了解民风习俗。要求管理市场的官员汇报物价，从而了解人们的好恶，观察民心是否淫邪不正，所喜所好是否偏邪。要求负责礼的官员，校定当地的季节、月份、日期，并检查本地的音律、礼乐、乐律、制度、衣服，发现有不合乎规格者，给予纠正。本地的山川及其他神灵，有当祭而未祭者，其罪名是不敬，犯不敬之罪的国君要减少封地；宗庙的祭祀有不顺的就是不孝，对于不孝的国君要降低爵位；随便改变礼乐就是不服从中央，不服从中央的国君要被放逐；私自改革制度、改变衣服就是背叛天子，背叛天子的国君就要遭受讨伐。被老百姓歌颂功德的国君，要增多封地晋升爵位。

当年的五月到南方巡察，来到南岳衡山，如同巡察东方之礼。八月到西方巡察，来到西岳华山，如同巡察南方之礼。十一月到北方巡察，来到北岳恒山，如同巡察西方之礼。全国巡察完毕归来，到祖庙和父庙举办祭告，用特牲一牛进行祭祀。

天子将外出，要类祭上帝、宜祭社稷，造祭祢庙。诸侯将外出，要宜祭社稷，造祭祢庙。天子不是为了讨伐之事而与诸侯相见统称作『朝』。会朝，能够考校礼仪，校正刑法，统一道德规范，使诸侯崇敬天子。天子把成套的乐器奖赏给诸侯时，用祝当作代表物授予诸侯。天子赏给伯、子、男乐器时，用鼗为代表物授给被赐者。诸侯被天子奖赏了弓矢后，才有权力讨伐；被奖赏了斧钺，才有权力刑杀；被奖赏了圭瓒，才能自己酿制鬯酒；如果没有被奖赏圭瓒，就等待天子资助鬯酒。

天子要求办教育，然后才设置学校。小学设在王宫的东南，大学设在郊外。天子的大学称为『辟雍』，诸侯的大学称为『頖宫』。

天子将出征，先祭上帝，宜祭社稷、造祭祢庙；开战前在驻扎阵地举行祃祭，以壮军威。启程前在祖庙占卜并祭拜先祖接受祖先的讨伐命令，到大学里听取先师的谋略。出征讨伐就是要抓获那些有罪的人，征伐回来后，再到大学里设奠祭告先师，报告抓获的俘虏和杀死敌人的数目。

天子、诸侯无事，则岁三田：一为干豆，二为宾客，三为充君之庖。无事而不田曰『不敬』，田不以礼曰『暴[①]天物』。天子不合围，诸侯不掩群。天子杀则下大绥，诸侯杀则下小绥，大夫杀则止佐车，佐车止，则百姓田猎。獭祭鱼，然后虞人入泽梁；豺祭兽，然后田猎；鸠化为鹰，然后设罻罗；草木零落，然后入山林。昆虫未蛰，不以火田。不麛，不卵，不杀胎，不殀夭，不覆巢。

冢宰制国用，必于岁之杪。五谷皆入，然后制国用。用地小大，视年之丰耗[②]，以三十年之通制国用，量入以为出。

祭用数之仂。丧，三年不祭，唯祭天地社稷，为越绋而行事。丧用三年之仂。丧祭，用不足曰『暴』，有余曰『浩』[③]。祭，丰年不奢，凶年不俭。国无九年之畜曰不足，无六年之蓄曰急，无三年之蓄曰国非其国也。三年耕，必有一年之食；九年耕，必有三年之食。以三十年之通，虽有凶旱水溢，民无菜色，然后天子食，日举以乐。

天子七日而殡，七月而葬；诸侯五日而殡，五月而葬；大夫、士、庶人三日而殡，三月而葬。三年之丧，自天子达。庶人县封，葬不为雨止，不封不树。丧不贰事，自天子达于庶人。丧从死者，祭从生者。支子不祭。

天子七庙，三昭三穆，与大祖之庙而七。诸侯五庙，二昭二穆，与大祖之庙而五。大夫三庙，一昭一穆，与大祖之庙而三。士一庙。庶人祭于寝④。

天子、诸侯宗庙之祭，春曰『礿』，夏曰『禘』，秋曰『尝』，冬曰『烝』。

天子祭天地，诸侯祭社稷，大夫祭五祀。天子祭天下名山大川，五岳视三公，四渎视诸侯。诸侯祭名山大川之在其地者。天子、诸侯祭因国之在其地而无主后者。

天子犆礿，祫禘，祫尝，祫烝。诸侯礿则不禘，禘则不尝，尝则不烝，烝则不礿。诸侯礿犆，禘一犆一祫，尝祫，烝祫。

天子社稷皆大牢，诸侯社稷皆少牢。大夫、士宗庙之祭，有田则祭，无田则荐⑤。庶人春荐韭，夏荐麦，秋荐黍，冬荐稻。韭以卵，麦以鱼，黍以豚，稻以雁。祭天地之牛角茧栗，宗庙之牛角握，宾客之牛角尺。

诸侯无故不杀牛，大夫无故不杀羊，士无故不杀犬豕，庶人无故不食珍。

庶羞不逾牲，燕衣不逾祭服，寝不逾庙。

古者公田藉而不税，市廛而不税，关讥而不征。林、麓、川、泽以时入而不禁，夫圭田无征。

用民之力，岁不过三日。

田里不粥，墓地不请。

【注释】

①暴：损虐。

②耗：凶歉之年。

③浩：剩余。

④寝：庶人祭祀祖先的地方。

⑤荐：即『献』，向先人供献四时新物。

【译文】

天子、诸侯在没有战争和凶丧的状况下，每年田猎三次，其目的：一是为了准备祭祀的供品，二是为了招待客人，三是为了丰富天子、诸侯的膳食种类。在没有战争和凶丧的状况下不狩猎，就称为『不敬』。狩猎时不守规矩，任意捕杀，就称为『践天地所生之物』。狩猎的规矩是：天子打猎不应四周合围，诸侯打猎不应把成群的野兽全都杀光。射杀野兽以后，天子要放下指挥的大旗，诸侯要放下指挥的小旗。大夫射杀野兽后，就应命令协助驱逐野兽的佐车停止驱逐，大夫的佐车停止驱逐之后，百姓开始田猎。水獭将捕获的鱼陈列在水边仿佛献祭，然后管理川泽的虞人才能够进入川泽捕鱼。豺将捕获的兽陈列在地上仿佛献祭，然后才能够开始狩猎。鸠化为鹰以后，才能够设网捕鸟。到了十月，草木凋零后才能够进入山林砍伐。昆虫在蛰居地下之前，不能够纵火焚草肥田。不捕获小兽，不取鸟卵，不杀怀胎的母兽，不杀刚出生的小兽，不毁掉鸟巢。

冢宰编制下一年度国家经费的预算，一定在年终时进行。由于要等五谷入库之后才能编制预算。编制预算，要顾及国土的大小，年景的丰歉，用三十年收入的平均数作根据来编制预算，根据收入的多少来决定怎样开支。

祭祀的花费，占每年收入的十分之一。见到父母之丧，尽管在服丧的三年内不祭宗庙，但天地社稷之神却照常祭祀，这叫作越过牵拉棺车的绳索而行祭事。丧事的花费，用三年收入的平均数的十分之一。丧事和祭祀的花费，超过了预算称为『暴』，剩余称为『浩』。祭祀的花费，丰年不能铺张浪费，荒年不能节俭从简。一个国家如果没有九年的储备称为准备不足，如果没有六年的储备称为储备危急，如果没有三年的储备就能够说是不像个国家了。耕种三年，一定有一年的余粮；耕种九年，一定有三年的余粮。以三十年的平均收入来编制预算，尽管遇到饥荒水旱等灾害，老百姓也不会受饿。达到这样的水平后，天子才能安心吃饭，吃饭时也能够奏乐了。

天子去世后七天入殓，停柩在堂第七个月下葬。诸侯去世后五天入殓，第五个月下葬；大夫、士及平民去世后三天入殓，第三个月入葬；为父母守丧三年，从天子到平民都是相同。平民下葬时，用绳索把棺柩悬吊进坑内，埋葬之事不因下雨而停歇，墓穴之上不堆土为坟，也不植树。服丧期间不做别的事情，从天子到平民都相同。丧事的规格按照死者的爵位而定，而祭祀的规格要按照主持祭祀者的爵位而定。不是嫡长子就不能操持祭祀。

天子设七庙，三座昭庙，三座穆庙，加上中间一个太祖庙，共七庙。诸侯设置五庙，即两座昭庙，两座穆庙，加上太祖庙，共五庙。大夫设置三庙，一昭一穆，加上太祖庙，共三座庙。士只设一庙。平民无庙，祭奠祖宗在正寝。

天子、诸侯宗庙四时祭，春祭称为『礿』，夏祭称为『禘』，秋祭称为『尝』，冬祭称为『烝』。

天子祭祀天、地，诸侯祭祀社祭；大夫祭祀门神、灶神、行神、户神、中霤等神。天子祭祀天下的名山大川，祭祀五岳比照三公的祭牲与祭器规格，祭祀四渎比照诸侯的祭牲与祭器规格。诸侯只祭祀在自己封地内的名山大川。天子、诸侯都要祭祀境内已经灭亡而又没有后嗣的古国之王。天子春天的礿祭是在特定的庙中举行，夏天的禘祭，秋天的尝祭，冬天的烝祭都将各庙神主聚合在太庙中祫祭。

诸侯如果举行礿祭就不举行禘祭，举行禘祭就不举行尝祭，举行尝祭就不举行烝祭，举行烝祭就不举行礿祭。诸侯的礿祭是在特定的庙中举行，禘祭则一年为犆祭，即在特定的庙中举行；一年为祫祭，即将各庙神主聚合在太庙中祭祀，尝祭和烝祭都是将各庙神主聚合在太庙中举行祭祀。

天子祭祀社神和谷神用牛、羊、猪三牲。诸侯祭祀土神和谷神用羊、猪二牲。大夫和士祭祀宗庙，有封地的用祭礼，没有封地的用荐献之礼。平民祭祀祖宗春天献韭菜，夏天献麦，秋天献黍，冬天献稻。韭菜配上鸡蛋，麦配上鱼，黍配上小猪，稻配上鹅。祭祀天神地神用小牛，牛角只能用如蚕茧或栗子一样的；祭奠宗庙用中牛，牛角能够有四指长；宴享宾客用大牛，牛角一尺多长也行。如果不是为了祭祀，诸侯不可杀牛作膳食，大夫不可杀羊作膳食，士不可杀狗或猪作膳食，平民不可吃时鲜美味。

平时吃的菜肴不能比祭祀用牲好，平时穿的衣服不能比祭祀的礼服好，平时居住的房屋不能比宗庙好。

古代协助耕作公田的人，就不征收田税。市场，只收交易场所的地皮税而不收缴所得税。关卡，只稽查货物的合法与否，不征税。山林水泽只要合乎季节法规，进入伐材或狩猎捕鱼等并不阻止，用于供奉祭祀用的田地，不需缴税。

分派平民劳役，每人每年不多余三天。

公家分配的田地不能买卖。丧葬用公家划定的墓地，不能申请另葬。

司空[①]执度，度地居民，山川沮泽，时四时，量地远近，兴事任力。凡使民，任老者之事，食壮者之食。

凡居民材，必因天地寒暖燥湿，广谷大川异制。民生其间者异俗。刚柔、轻重、迟速异齐，五味异和，器械异制，衣服异宜。修其教，不易其俗；齐其政，不易其宜。

中国戎夷五方之民，皆有性也，不可推移。东方曰『夷』，被发文身，有不火食者矣。南方曰『蛮』，雕题交趾，有不火食者矣。西方曰『戎』，被发衣皮，有不粒食者矣。北方曰『狄』，衣羽毛穴居，有不粒食者矣。中国、夷、蛮、戎、狄，皆有安居、和味、宜服、利用[2]、备器。

五方之民，言语不通，嗜欲不同。达其志，通其欲：东方曰『寄』，南方曰『象』，西方曰『狄鞮』，北方曰『译』。

凡居民，量地以制邑，度地以居民。地、邑、居民，必参相得也。无旷土[3]，无游民，食节事时，民咸安其居，乐事劝功，尊君亲上，然后兴学。

司徒修六礼以节民性，明七教以兴民德，齐八政以防淫，一道德以同俗，养耆老以致孝，恤孤独以逮不足，上贤以崇德，简不肖以绌恶。命乡简不帅教者以告，耆老皆朝于庠，元日习射上功，习乡上齿[4]，大司徒帅国之俊士与执事焉。不变，命国之右乡简不帅教者移之左，命国之左乡简不帅教者移之右，如初礼。不变，移之郊，如初礼。不变，移之遂，如初礼。不变，屏之远方，终身不齿。

命乡论秀士，升之司徒，曰『选士』。司徒论选士之秀者而升之学，曰『俊士』。升于司徒者不征于乡，升于学者不征于司徒，曰『造士』。乐正崇四术，立四教，顺先王《诗》《书》《礼》《乐》以造士：春、秋教以《礼》《乐》，冬、夏教以《诗》《书》。王大子、王子、群后之大子、卿大夫元士之适子[5]，国之俊、选，皆造焉。凡入学以齿。将出学，小胥、大胥、小乐正简不帅教者，以告于大乐正，大乐正以告于王。

王命三公、九卿、大夫、元士皆入学。不变，王亲视学。不变，王三日不举，屏之远方，西方曰『棘』，东方曰『寄』，终身不齿。

【注释】

①司空：总管百物制造之官。

②利用：指便利的生活用品。

③无旷土：指地尽其用，不荒废。

④元日：选定的吉日。习射：行乡射礼。习乡：行乡饮酒礼。上齿：尊敬年长者。

⑤群后：诸侯。适子：嫡子。

【译文】

司空负责拿丈尺测量土地，安置百姓测量山川沼泽的地势，要按时观察四季气候的寒暖燥湿，并度量土地的远近，然后使用民力兴建工程。凡使用民力，按照老年人的工作量安排劳动，而供应壮年人的粮食。

凡是储备用来安置人民的物品，一定要根据居住地的气候寒暖和地势高下决定。如大峡谷两旁与大河两岸的气候和地势不一样，两地人民的习俗就不同：性情的刚柔、身体的轻重、行动的快慢都不相同，口味各有偏爱，器具形制各异，衣服款式质料各有所不同。对人民重在施行礼法和教化，而不改变他们的习俗；重在统一政令，而不改变他们原来的习俗。

由中原民族与四方之戎蛮、夷、狄组成的五方之民，各有不同的生活习惯，不能勉强改变。住在东方的民族称为『夷』，他们时兴剃光头，在身上刺花纹，其中有不吃熟食的人。居住南方的少数民族称为『蛮』，他们额头上刻着花纹，走路时两脚相交错，其中也有不吃熟食的人。居住西方的少数民族称为『戎』，他们披头散发，用兽皮做衣服，只吃禽兽的肉，不吃五谷杂粮。居住北方的少数民族称为『狄』，以禽兽的羽毛为衣，居住洞穴里，也是只吃禽兽的肉，不吃五谷杂粮。

中原、夷人、蛮人、戎人、狄人这五方之民即使生活习性不同，但各自都有安适的居所、有自己认为好吃的口味、自己认为舒适的衣服、自己认为方便的工具、自己认为完备的器物。五方的人民，尽管言语不通，喜好不同，但当他们要表达各自的意思，沟通各自的看法时，有一种懂得双方语言的人能够负责沟通翻译，东方称为『寄』，南方称为『象』，西方称为『狄鞮』，北方称为『译』。

凡是安置人民的居处，要依据地势的广狭决定居邑的大小，测量土地面积的宽窄来安置民众。地理条件、居邑建制、居民的多少，必定要使这三方面都匹配得当。没有荒废的土地，没有无业游民，饮食有限制，举事遵农时，这样就能够使民众都安于他们的居所，喜爱他们的工作而努力做出成绩，尊敬国君，尊敬长辈，然后就能够兴学施教了。

司徒修习六礼，用来调制民众的性情，明辨七教，用来提高社会的道德，整齐八政，用来抑制欲望淫邪，统一道德规范，以形成共同的社会风俗；赡养老人以示提倡孝道；抚恤孤独，使弱者不被社会遗弃；尊崇贤能用来提倡社会道德；检举邪恶，以示摒除罪恶。司徒命令乡官检举不听教化的人，并诚邀乡里德高望重的老人聚集到学校，选定好日子，演习乡射礼，以射箭成绩为重，行乡饮酒礼，以年长者为尊。大司徒带领国家的俊杰参加乡射礼和乡饮酒礼。如这样，那些不听教化的人还不受感化而改变，那么就命在右乡的那些不听教化的人迁移到左乡，在左乡的那些不听教化的人迁移到右乡，在异乡，再对他们进行前面说过的各种礼仪的教化。如这样还不改变，那么就把他们迁移到郊区，按照前面说过的各种礼仪教化他们；如还不改变，那么就把他们迁移到远郊的遂，按照前面说过的各种礼仪教化他们；如还不改变，就把他们驱逐到远方，终身不再录用。

（司徒）又命六乡长官考察乡里德才卓著的人，推荐给司徒，这称为『选士』。司徒再进行考察分析对比，从中选择最优秀的人，升入天子的大学，这些人叫作『俊士』。已经推荐给司徒的人，可免除乡里的徭役；升入大学的人，可免去国家的徭役，这称为『造士』。掌管国子教育的乐正重视四术，确立四教，遵从先王传统，用《诗》《书》《礼》《乐》培养人才：春秋二季教导《礼》《乐》，冬夏二季教导《诗》《书》。天子的太子以及诸庶子，天子三公及诸侯的长子，卿、大夫和上士的嫡子，从各国乡学中选拔出来的俊士或选士，都来深造。凡入学的人，都依年龄为序，不分尊卑。即将学成时，小胥、大胥、小乐正要挑选出不服管教的人报告给大乐正，大乐正报告给天子。天子于是选择吉日，下令三公、九卿、大夫、元士齐集大学，演示有关礼仪以感化不听教诲者。这样做了还不改，天子就亲自到校巡察。这样做了还不改，天子首先自责，三天吃饭时也奏乐，然后将屡教不改者放逐到远方，西部远方称为『棘』，东部远方称为『寄』，终身不予录用。

大乐正论造士之秀者以告于王，而升诸司马，曰『进士』。司马辨论官材，论进士之贤者，以告于王，而定其论。论定然后官之，任官然后爵之，位定然后禄之。

大夫废其事，终身不仕，死以士礼葬之。有发，则命大司徒教士以车甲。凡执技论力，适四方，赢股肱，决射御。凡执技以事上者，祝、史、射、御、医、卜及百工。凡执技以事上者，不贰事，不移官，出乡不与士齿。仕于家者，出乡不与士齿。

司寇正刑明辟，以听狱讼，必三刺。有旨不简，不听。附①从轻，赦从重。

凡制五刑，必即天伦，邮罚丽于事。

凡听五刑之讼，必原父子之亲，立君臣之义，以权之；意论轻重之序，慎测浅深之量，以别之；悉其聪明，致其忠爱以尽之。

疑狱，泛与众共之；众疑赦之。必察小大之比以成之。

成狱辞，史以狱成告于正，正听之。正以狱成告于大司寇，大司寇听之棘木之下。大司寇以狱之成告于王，王命三公参听之。三公以狱之成告于王，王三又，然后制刑。

凡作刑罚，轻无赦。刑者侀②也，侀者成也。一成而不可变，故君子尽心焉。

析言破律，乱名改作，执左道以乱政，杀。作淫声、异服、奇技、奇器以疑众，杀。行伪而坚、言伪而辨，学非而博，顺非而泽，以疑众，杀。假于鬼神、时日、卜筮以疑众，杀。此四诛者，不以听。凡执禁以齐众，不赦过。有圭璧金璋不粥于市，命服、命车不粥于市，宗庙之器不粥于市，牺牲不粥于市，戎器不粥于市。用器不中度，不粥于市。兵车不中度，不粥于市；布帛精粗不中数，幅广狭不中量，不粥于市；奸色③乱正色，不粥于市；锦文、珠玉成器不粥于市；衣服饮食不粥于市；五谷不时，果实未孰，不粥于市；木不中伐，不粥于市；禽兽鱼鳖不中杀，不粥于市。关执禁以讥，禁异服，识异言。

大史典礼，执简记，奉讳恶，天子齐戒受谏。司会以岁之成质于天子④。冢宰齐戒受质⑤，大乐正、大司寇、市，三官以其成从质于天子，大司徒、大司马、大司空齐戒受质。百官各以其成质于三官，大司徒、大司马、大司空以百官之成质于天子，百官齐戒受质。然后，休老劳农，成岁事，制国用。

凡养老：有虞氏以燕礼，夏后氏以飨礼，殷人以食礼，周人修而兼用之。五十养于乡，六十养于国，七十养于学。达于诸侯。

【注释】

①附：判刑。

②侀：成，成形。这里指一成不变的事物。

③奸色：不正之色。古以青、赤、白、黑、黄为五方正色，余色为间色。

④司会：冢宰的部属。质：评断，评定。

⑤受质：接受天子评断。

【译文】

大乐正考核学有所成的造士，选拔优秀的人，报告给天子，并推荐给司马，被推荐的学生就叫『进士』。司马再逐个考察每个进士的才能适合做何官，评选出进士中的优秀人才，报告给天子，并拿出结论来。结论确定了然后指派官职试用，出任官职后并分封爵位，爵位定了然后给予俸禄。

大夫如果荒废政事，则终身不再委任，死后以士礼安葬。凡将有军事行动，天子则命大司徒，教士子学习驾兵车，披甲胄等征战之事。凡是凭技能为生的人，派他们前往四方，裸露大腿手臂，比赛射箭和驾车。

凡是凭某一技艺服侍君主的，有祝、史、射、御、医、卜以及各行工匠。凡以某一技艺服侍国君的，不得从事第二职业，也不得随便转移另一官府门下，到外乡则不可与士按长幼年龄排序；在大夫之家作陪臣的，离开本乡也不能与士按长幼年龄排序。

司寇负责审定刑法，分辨罪法，以审理狱讼，审案时必定要再三探询案情。对于那些有作案意图而无作案事实的不予受理。定刑时，凡刑罚可轻可重，则从轻；刑罚可赦免时，按照可以赦免的重罪予以赦免。

凡判定罪犯应受五刑的哪一刑，必定要遵从天理，定罪施罚必定要合乎事实。

凡审理应判处五刑的案件，必定要从理解父子的亲情，确立君臣关系大义的角度，来进行衡量；考虑犯罪认真思量刑罚的轻重，审慎考虑罪行的深浅程度，以判定刑罚的差别，要充分发挥自己的聪明才智，献出自己的忠君爱民之心，使犯罪之人得以尽情表达，来彻底弄清楚案情。

有疑惑的案件，要广泛地同大家商量；大家都疑而不能决，就先赦免被告。审案时必定要参考同类大小案件的成例来定案。

经过审理核定罪犯的供词后，文书官就把审案结果汇报给负责司法的正，正进行审核。审核之后，再把审判结果汇报大司寇，大司寇在外朝的棘树下再审查一番。然后把审理结果汇报给王，王命三公参加案件的审理，三公再把审理结果汇报给王，王斟酌看是不属于『三宥』的理由，然后才判决罪刑。

凡制定刑罚，罪行轻的不予赦免。刑，是侀的意思。侀，是成型、定型的意思，人体一受刑成型就不能改变了，因此君子对审理案件非常尽心。

凡是断章取义曲解法律，私自改变法律而另搞一套，用邪道干扰政令的人，杀掉。凡是制作奢靡之音、奇装异服、怪诞之技、奇异之器而惑乱民心的人，杀掉。行为伪劣而又顽固不化、言辞虚伪而又巧言利舌、所学陷入异端而又自认为博闻、言辞谬误而讲得冠冕堂皇，以此惑乱人心者，杀掉。凡是假借鬼神、时日吉凶、卜筮祸福招摇撞骗以惑乱人心者，杀掉。上面的四种被杀者，不再接受他们的申诉。凡是实行禁令，就是要使民众一律遵从，所以尽管是过失犯禁，也不宽恕。圭、璧、琮、璋是名贵的玉器，不准在市场上买卖；国君赏赐的衣物、车辆，不能在市场上买卖。宗庙中的祭器，不能在市场上买卖；用于祭祀的牲畜，不能在市场上买卖。军器，不能在市场上买卖。日常所用的器皿不合规格，不能在市场上买卖。兵车不合规格，不能在市场上买卖；布帛的丝缕密疏不合规格，其宽度不合尺寸，不能在市场上买卖；将布帛染以间色而与正色相乱的，不能在市场上买卖；用纹彩的布帛、珠玉制作成的器物，不能在市场上买卖。日常的衣服饮食，不能在市场上买卖；没有到成熟期的五谷和瓜果，不能在市场上买卖；未成材的树木，不能在市场上买卖；禽兽鱼鳖尚未长大，不能在市场上买卖；关卡上执行禁令的人要严格稽查，制止奇装异服，鉴别各地的方言。

太史掌管各种礼仪，执掌简册典籍，并把一年当中忌讳、凶险之日向天子汇报，天子则斋戒后听取太史决议。

冢宰的属官司会汇报一年之中百官各府的情况，让天子评断，冢宰则斋戒听从天子的评断。大乐正、大司寇、司市等三位官员，把他们所属一年当中的情况让天子评断，大司徒、大司马、大司空要斋戒听从天子的评断。百官要把各自属下一年当中的情况让三位官员评断，大司徒、大司马、大司空又把百官的情况让天子评断，百官要斋戒听从天子的评断。然后使老年人休养，慰劳农夫，决定明年兴废之事，制订明年国家的财政预算。

凡敬老之礼各朝皆不同：有虞氏用燕礼，夏后氏用飨礼，殷商用食礼，周人比照兼用三礼。五十岁的老人就能够参加在乡学中举办的敬老宴会，六十岁的老人就能够参加在王宫小学中举办的宴会，七十岁的老人就能够参加在大学举办的宴会。诸侯国也是这样。

八十拜君命，一坐再至[①]，瞽亦如之。九十使人受。五十异粻，六十宿肉，七十二膳，八十常珍，九十饮食不离寝，膳饮从于游可也。六十岁制，七十时制，八十月制，九十日修。唯绞、紟、衾、冒，死而后制。五十始衰，六十非肉不饱，七十非帛不暖，八十非人不暖，九十虽得人不暖矣。五十杖于家，六十杖于乡，七十杖于国，八十杖于朝。九十者，天子欲有问焉，则就其室，以珍从。七十不俟朝，八十月告存，九十日有秩。五十不从力政，六十不与服戎，七十不与宾客之事，八十齐丧之事弗及也。五十而爵，六十不亲学，七十致政，唯衰麻为丧。

有虞氏养国老于上庠，养庶老于下庠；夏后氏养国老于东序，养庶老于西序；殷人养国老于右学，养庶老于左学；周人养国老于东胶，养庶老于虞庠。虞庠在国之西郊。有虞氏皇而祭，深衣而养老；夏后氏收而祭，燕衣而养老；殷人冔而祭，缟衣而养老；周人冕而祭，玄衣而养老[②]。

凡三王养老，皆引年。八十者，一子不从政[③]；九十者，其家不从政。废疾非人不养者，一人不从政。父母之丧，三年不从政；齐衰、大功之丧，三月不从政。将徙于诸侯，三月不从政；自诸侯来徙家，期不从政。

少而无父者谓之『孤』，老而无子者谓之『独』，老而无妻者谓之『矜』[④]，老而无夫者谓之『寡』。此四者，天民之穷而无告者也，皆有常饩。瘖、聋、跛、躃、断者、侏儒，百工各以其器食之。

道路，男子由右，妇人由左，车从中央。父之齿随行，兄之齿雁行，朋友不相逾。轻任并，重任分，班白者不提挈。君子耆老不徒行，庶人耆老不徒食。大夫祭器不假。祭器未成，不造燕器。

方一里者，为田九百亩；方十里者，为方一里者百，为田九万亩；方百里者，为方十里者百，为田九十亿亩；方千里者，为方百里者百，为田九万亿亩。自恒山至于南河，千里而近；自南河至于江，千里而近；自江至于衡山，千里而遥；自东河至于东海，千里而遥；自东河至于西河，千里而近；自西河至于流沙⑤，千里而遥。西不尽流沙，南不尽衡山，东不尽东海，北不尽恒山，凡四海之内，断长补短，方三千里，为田八十万亿一万亿亩。方百里者，为田九十亿亩，山陵、林麓、川泽、沟渎、城郭、宫室、途巷，三分去一，其余六十亿亩。

【注释】

①坐：跪拜。至：稽首。

②玄衣：朝服，黑衣素裳。

③政：通「征」，征召徭役。

④矜（guān）：同「鳏」。

⑤流沙：沙漠。

【译文】

人到了八十岁时精力已衰，在拜受君命时只要跪下去连叩两次头就行了，盲人行动不便，也可照此办理。九十岁的老人则能够让他人替代自己拜受君命。五十岁以上的老人可以不吃粗粮而吃细粮；六十岁以上的老人没有肉就不能吃饱，因此要常备有肉；七十岁以上的老人饿得快，要每顿多做一份，以备零食；八十岁以上的老人要常吃美味的食品；九十岁以上的老人居室里要食品不断，不管他走到哪儿，随身都有饮食供给。关于丧具的制作，人到了六十岁，每年都要准备丧葬用品；人到了七十岁，每个季节都要准备丧葬用品；人到了八十岁，每个月都要准备丧葬用品；人到了九十岁，每天都要准备丧葬用品。只有绞、紟、衾、帽，死后再做也不晚。人到五十岁就开始衰老，六十岁以上不吃肉就不饱，七十岁以上没有丝绵就会感到身上不暖，八十岁以上没有人暖被就感到睡不暖和，九十岁以上虽有人暖被也睡不暖和了。五十岁以后能够拄杖于家，六十岁以后能够拄杖于乡，七十岁以后能够拄杖于国都，八十岁以后能够拄杖上朝，九十岁以上，天子若有事询问，就要派人到他家请教，还要带上珍贵的礼物。大夫到了七十岁就能够不在朝里侍候，八十岁以上，天子要每月派人来问候安康，九十岁以上，天子要每天派人送食物来。平民超过五十岁就不服劳役，六十岁以上就不服兵役，七十岁以上就不再参与应酬宾客的活动，八十岁以上，就连祭祀丧葬这类重要的事情也不参加了。大夫五十岁可在宗庙内受君命封爵位，六十岁就不需亲自至学校受业，七十岁即可致仕退养，尽管有居丧之遭，也只服衰麻之服即可，不必参加丧礼的仪式。

有虞氏在上庠设宴招待国老，在下庠设宴招待庶老。夏后氏在东序设宴招待国老，在西序设宴招待庶老。殷人在右学设宴招待国老，在左学设宴招待庶老。周人在东胶设宴招待国老，在虞庠设宴招待庶老。虞庠在王城的西郊。有虞氏的时代，人们头戴『皇』举行祭祀，在举行养老礼时穿深衣。夏代，人们头戴『收』举行祭礼，在养老礼时穿燕衣。殷人头戴『冔』举行祭礼，在养老礼时穿缟衣。周人在祭奠时戴『冕』，在举行养老礼时穿玄衣。

夏、殷、周三代的天子，都根据户籍核查年龄，确定免除赋税徭役的人员。家有八十岁的老人，能够有一人不应徭役之征。家有九十岁的老人，全家都能不应徭役征召；家中有需人照料生活的残疾人，能够有一人不应徭役征召。父母死丧，服丧三年间不应徭役征召；遇见齐衰、大功丧服，三个月不应征召。将从天子王畿迁移到诸侯国的家庭，临走前三个月不应征召。从诸侯国迁移到王畿的家庭，来后一年内不应征召。

年幼而无父的人称为『孤』，年老而无子孙的人称为『独』，老而无妻的人称为『鳏』，老而无夫的人称为『寡』。这四种人是世上生活困难而又无处告求的人，要时常分发粮食。不能说话的人、听不见的人、跛脚的人、没法走路的人、四肢断残的人、非常矮小的人，各尽所能从事百工杂役，让他们能够自食其力。

在道路上，男子靠右走，妇人靠左走，车子走中间。遇到和自己父亲年龄相近的人，要让人家走在前面；遇到和自己兄长年龄相近的人，自己能够稍后一点并排而行；和朋友同行，不能争先恐后。两个担负物品的人同行，如果两人担负都较轻，就合在一起由年轻人担负；如果两人担负都较重，则分开来担负，由年轻人担重的，年长者担轻的；头发斑白的老人不提着东西走路。年老的大夫、士不徒步走路，年老的庶人吃饭要有肉。大夫全是自备祭器，不向别人借用。祭器没有备齐之前，不考虑制作日常生活用器。

方圆一里的土地，可造田九百亩；方圆十里的土地，有一百个方圆一里，可造田九万亩；一百里见方的土地，是十里见方的百倍，可造田九百万亩；方圆一千里的土地，有一百个方圆百里，可造田九万万亩。从北面的恒山到南河，不足千里；从南河到长江，不足千里；从长江到衡山，有一千多里；从东河到东海，有一千多里；从东河到西河，不足千里；从西河到沙漠地带，有一千多里。西域沙漠不是西边的终点，衡山不是南边的终点，东海不是东边的终点，恒山不是北边的终点。这样，把多出来的地方填补不足的地方，四海之内的土地，取长补短有方圆三千里，可造田八十万亿亩。方圆百里的土地本应有田九十亿万亩，而山脉、森林、江河湖泊、沟渠水道、城镇乡村、纵横道路等约占三分之一，因此只剩下六十亿亩可耕地。

古者以周尺八尺为步，今以周尺六尺四寸为步。古者百亩，当今东田百四十六亩三十步。古者百里，当今百二十一里六十步四尺二寸二分。

方千里者，为方百里者百，封方百里者三十国，其余方百里者七十。又封方七十里者六十，为方百里者二十九，方十里者四十，其余方百里者四十，方十里者六十。又封方五十里者百二十，为方百里者三十，其余方百里者十，方十里者六十。名山大泽不以封，其余以为附庸闲田。诸侯之有功者，取于闲田以禄之，其有削地者，归之闲田。

天子之县内，方千里者，为方百里者百。封方百里者九，其余方百里者九十一。又封方七十里者二十一，为方百里者十，方十里者二十九，其余方百里者八十，方十里者七十一。又封方五十里者六十三，为方百里者十五，方十里者七十五，其余方百里者六十四，方十里者九十六。

诸侯之下士禄食①九人，中士食十八人，上士食三十六人。下大夫食七十二人，卿食二百八十八人。君食二千八百八十人。次国之卿食二百一十六人，君食二千一百六十人。小国之卿食百四十四人，君食千四百四十人。次国之卿命于其君者，如小国之卿。

天子之大夫为三监，监于诸侯之国者，其禄视诸侯之卿，其爵视次国之君，其禄取之于方伯之地。方伯为朝天子，皆有汤沐之邑于天子之县内，视元士。诸侯世子世国，大夫不世爵。使以德，爵以功。未赐爵，视天子之元士，以君其国。诸侯之大夫，不世爵禄。

六礼：冠、昏、丧、祭、乡②、相见。七教：父子、兄弟、夫妇、君臣、长幼、朋友、宾客。八政：饮食、衣服、事为、异别、度、量、数、制。

【注释】

①食：养活。

②乡：指乡饮酒礼。

【译文】

古时候的一步是周尺八尺，现在汉代的一步是周尺六尺四寸，因此古时候的一百亩等于现在汉代东方齐鲁的一百四十六亩余三十步。古时候的一百里等于汉代的一百二十一里余六十步四尺二寸二分。

一千里见方的土地，有一百个百里见方。分封出三十个百里见方的诸侯国，剩下七十个百里见方的地方。再分封出六十个七十里见方的诸侯国，折合为二十九个百里见方又四十个十里见方，剩下四十个百里见方又六十个十里见方。又分封出一百二十个五十里见方的诸侯国，划分成三十个百里见方之地，还剩下十个百里见方，又六十个十里见方的土地。名山大泽不分封给诸侯。剩下的土地或者当作诸侯国的附庸小国，或者当作闲田。诸侯有功，就从闲田中拿出土地当作奖赏；诸侯有罪，被减少的土地则并入闲田。

天子的王畿千里见方，也就是一百个百里见方。分封出九个百里见方的诸侯国，余下九十一个百里见方的土地。再分封出二十一个七十里见方的诸侯国，即为十个百里见方又二十九个十里见方，剩下八十个百里见方，又七十一个十里见方的土地。再分封出六十三个五十里见方的诸侯国，即为十五个百里见方，又七十五个十里见方，最后剩下六十四个百里见方，又九十六个十里见方的土地。

诸侯的下士所得俸禄能够养活九人，中士的俸禄能够养活十八人，上士的俸禄能够养活三十六人，下大夫的俸禄能够养活七十二人，大诸侯国的卿所得俸禄能够养活二百八十八人。国君的俸禄能够养活二千八百八十人。次等诸侯国的卿，所得俸禄能够养活二百一十六人，次国国君的俸禄能够养活二千一百六十人。小诸侯国的卿，所得俸禄能够养活一百四十四人，小国国君的俸禄能够养活一千四百四十人。次等诸侯国的由国君所任命的卿，所得俸禄与小诸侯国中由天子任命的卿同样多。

天子的大夫任三监，监察各诸侯国的，其俸禄比照诸侯国之卿，其爵位比照次等诸侯国的国君，其俸禄从方伯那里领取。方伯为方便见天子，在王畿内都有专供其斋戒沐浴的土地。汤沐邑，其大小比照天子上卿的采邑。诸侯的世子能够继承君位，大夫的儿子则不能继承爵位，有德者才能任命为大夫，有功劳才赐以爵位。诸侯的儿子在天子没有赐爵之前，其身份等同天子之上卿，并且以这种身份管理他的国家。对于诸侯的大夫，其爵位和俸禄都不可世袭。

所说的六礼，是指冠礼、婚礼、丧礼、祭礼、乡饮酒礼和乡射礼、相见礼。所说的七教，是指七种人伦关系，即父子有亲，兄弟有爱，夫妇有别，君臣有义，长幼有序，朋友有信，宾客有礼。所说的八政，是指饮食的方式，衣服的制度，工艺的标准，器具的品种，长度的规定，容量的单位，计数单位和布帛的规格。

月令（上）

孟春之月，日在营室，昏参中，旦尾中。其日甲、乙。其帝大皞，其神句芒。其虫鳞。其音角，律中大蔟。其数八。其味酸，其臭[①]膻。其祀户，祭先脾。

东风解冻，蛰虫始振。鱼上冰，獭祭鱼，鸿雁来。

天子居青阳左个，乘鸾路，驾仓龙，载青旂，衣青衣，服仓玉，食麦与羊，其器疏以达。

是月也，以立春。先立春三日，大史谒之天子曰：『某日立春，盛德在木。』天子乃齐。立春之日，天子亲帅三公、九卿、诸侯、大夫以迎春于东郊。还反，赏公、卿、诸侯、大夫于朝。命相布德和令，行庆施惠，下及兆民。庆赐遂行，毋有不当。乃命大史守典奉法，司天日月星辰之行，宿离不贷[②]，毋失经纪，以初为常。

是月也，天子乃以元日祈谷于上帝。乃择元辰，天子亲载耒耜，措之于参保介之御间，帅三公、九卿、诸侯、大夫躬耕帝藉[③]。天子三推，三公五推，卿、诸侯九推。反，执爵于大寝，三公、九卿、诸侯、大夫皆御，命曰『劳酒』。

是月也，天气下降，地气上腾，天地和同，草木萌动。王命布农事，命田舍东郊，皆修封疆，审端经术，善相丘陵、阪险、原隰[④]，土地所宜，五谷所殖，以教导民，必躬亲之。田事既饬，先定准直，农乃不惑。

是月也，命乐正入学习舞。乃修祭典，命祀山林川泽，牺牲勿用牝。禁止伐木。毋覆巢，毋杀孩虫、胎、夭、飞鸟。毋麛，毋卵。毋聚大众，毋置城郭。掩骼埋胔[⑤]。

是月也，不可以称兵，称兵必天殃。兵戎不起，不可从我始。毋变天之道，毋绝地之理，毋乱人之纪。

【注释】

①臭（xiù）：气味。

②宿离不贷：指（观测记录）日月星辰的运行位置不得出差错。

③帝藉：帝指天帝，藉是借助的意思。藉田就是指借助民力耕种的田。藉田收获的作物专门用于祭天（帝），故叫帝藉。

④原隰（xí）：高而平的地叫『原』；低湿的地方叫『隰』。

⑤胔（zì）：尸骸的枯骨和腐肉。

【译文】

孟春正月，太阳运转的位置在营室，黄昏时参星位于南方天空的正中间，拂晓时尾星位于南方天空的正中间。春季的天干吉日是甲日和乙日，于五行属木。尊奉的天帝是太皞，敬奉的神是木官句芒。动物中与木相合的是鳞虫。相配的音是五音中的角声，与此月相对的是十二律中的太蔟。孟春的成数是八。孟春的味道是五味中的酸，气味是五臭中的膻。本月要祭祀户神，祭品中以脾脏为先。

春风吹起，冰雪融化，蛰伏的昆虫开始醒来活动。鱼儿从深水处向上游到冰层下；水獭将捕到的鱼放置在岸边，像祭祀一样；鸿雁从南方飞来。

这个月，天子在明堂东向的左侧室居住，乘坐饰有鸾铃的车子，驾着青色的大马，车上插着绘制青龙的旗子，身穿青色的衣服，佩戴着青色的饰玉，食用的是麦与羊，使用的器物刻镂纹饰直而通达。

这个月立春。立春的前三天，太史觐见天子汇报说：『某日立春，天的盛德在五行的木行。』天子因此斋戒准备迎春。到立春那天，天子亲自带领三公、九卿、诸侯和大夫到东郊举办迎春祭祀。回来后便在朝廷上赏赐公、卿、诸侯和大夫们。天子命令三公宣布国家的禁令，奖赏有功，施惠贫困，下及亿万民众。奖励与赏赐于是推行，没有不得当的。命令太史遵守典章法度，负责观测天上日月星辰的运转，对于它们运转所经过的位置观测不得有差错，对它们运转度次的记载不得有失误，要把传统的方法当作观测的常法。

在这个月内，天子要在上辛日祭祀上帝，祈祷五谷丰登。又要在第一个亥日，天子亲自背负耒耜，处在穿着盔甲的车右和驭手之间，率领三公、九卿、诸侯、大夫亲自耕作藉田。天子推土三次，公起土五次，卿及诸侯推土九次。回到宫内，天子又在大寝举办宴会，三公、九卿、诸侯、大夫全都陪侍，称作『劳酒』。

在这个月里，阴气下降，阳气上升，天地之气中和，草木开始萌芽生长。天子下令颁布春耕之事，命令田官在东郊居住，监督农夫都来整治疆界，考察和修整田间的小路和水沟。谨慎地考察丘陵、坡地、平原和低湿地各种土地所适合种植的作物，什么谷物应在什么地方栽种，将这些教导给农民。田畯必定要亲自做这些事。田事都已整饬合适，划定农业田的疆界，勘定田间的路、沟、渠的广狭要准，要直，农民才没有疑虑。

在这个月里，命令乐正到太学教导舞蹈。同时修正祭奠的法典，下令祭奠山林川泽，但不允许用母畜作祭品。制止砍伐树木。不许捣毁鸟巢，不许伤害幼虫、已怀胎的母畜、刚出生的小兽、正学飞的小鸟，不许捕获小兽和掏取鸟蛋。不得聚集民众，不得建造城郭。要掩埋枯骨和腐肉。

这一月，不能发兵作战，发兵作战将会受到天地的惩罚。若战争不可避免，不能因我而起。（任何人）都不许改变天道，不许改变地理，不能破坏人伦道德。

孟春行夏令，则雨水不时，草木蚤落，国时有恐；行秋令，则其民大疫，猋[1]风暴雨总至，藜、莠、蓬、蒿并兴；行冬令，则水潦为败，雪霜大挚，首种不入。

仲春之月，日在奎，昏弧中，旦建星中。其日甲、乙其帝大皞，其神句芒。其虫鳞。其音角，律中夹钟。其数八。其味酸，其臭膻。其祀户，祭先脾。

始雨水，桃始华，仓庚鸣[2]，鹰化为鸠。天子居青阳大庙，乘鸾路，驾仓龙，载青旂，衣青衣，服仓玉，食麦与羊，其器疏以达。

是月也，安萌牙，养幼少，存诸孤。择元日，命民社。命有司省囹圄，去桎梏，毋肆掠[3]，止狱讼。

是月也，玄鸟至。至之日，以大牢祠于高禖，天子亲往，后妃帅九嫔御。乃礼天子所御[4]，带以弓韣，授以弓矢，于高禖之前。

是月也，日夜分，雷乃发声，始电，蛰虫咸动，启户始出。先雷三日，奋木铎以令兆民曰：『雷将发声，有不戒其容止[5]者，生子不备，必有凶灾。』日夜分，则同度、量，钧衡、石，角斗、甬，正权、概。

【注释】

①猋（biāo）：暴风。

②仓庚：即黄鹂。

③肆：肆意。掠：拷打。

④天子所御：后妃九嫔中怀孕的人。

⑤容止：夫妇交接。

【译文】

如果孟春之月行夏季之令，就使风雨不适时，草木早凋零，国家时常有恐慌。如果行秋季之令，就会使人民遭到瘟疫之灾，暴风暴雨不停，使藜草、莠草、蓬蒿一起生长；假如行冬季之令，就会出现水涝成灾，雪霜降落，早春应首先播种的稷无法种下地。

仲春二月，太阳位于奎宿，黄昏时弧星在南方天空的正中间，早晨建星在南方天空的正中间。仲春仍归木，天干吉日是甲日和乙日，尊奉的天帝是太皞，配享之神为句芒，与仲春相配的虫是五虫中的鳞虫。仲春五音仍归角，配享十二律中夹钟。仲春的成数为八。五味属酸，其气味是五臭中的膻味。祭祀户神，祭品以脾为上。

这个月开始降雨，桃树开始开花，黄鹂开始鸣叫，老鹰变为了布谷鸟。天子在明堂东向的中室，乘有鸾铃的车，驾青龙马，插青色的旗，穿青色的衣服，佩带青色的玉，食物主要是麦和羊肉，所用器物上雕刻的花纹，直而通达。

这个月，要使植物的幼芽安稳地生长，要注重养育幼婴和小儿，要抚恤那些孤苦伶仃的人。选择一个好日子，命令民众祭祀神。命令官吏减少牢狱中的罪犯，解除他们的镣铐，不能肆意鞭笞犯人，并停止打官司。

这个月，燕子到达。在燕子来到的那天，用牛羊猪三牲祭祀高禖之神。天子亲自前去，后妃率领女嫔陪侍。在高禖神前，为怀孕的嫔妃举办典礼，给她带上弓套，授给她弓箭，祈祷高禖保佑生男。

这个月，进入春分，有雷声轰动，闪电开始出现，冬眠的虫类都开始活动，破洞穴而出。在打雷的前三天，要摇动木铎告诉广大民众说：『雷声将发作，有行为不警戒而胡乱交接的，生下的小孩将会有残疾，必定会造成灾害。』春分这一天，白昼与夜晚等分，要统一长度单位、容量单位，使容器衡与石大小准确无误，让量器斗与斛大小合乎标准，检测秤锤与刮斗斛的木板符合规制。

是月也，耕者少舍[①]，乃修阖扇，寝、庙毕备。毋作大事，以妨农之事。

是月也，毋竭川泽，毋漉陂池，毋焚山林。天子乃鲜羔开冰，先荐寝庙。上丁，命乐正习舞，释菜[②]。天子乃帅三公、九卿、诸侯、大夫亲往视之。仲丁，又命乐正入学、习乐。是月也，祀不用牺牲，用圭璧，更皮币。

仲春行秋令，则其国大水，寒气总[③]至，寇戎来征；行冬令，则阳气不胜，麦乃不熟，民多相掠；行夏令，则国乃大旱，煖气早来，虫螟为害。

季春之月，日在胃，昏七星中，旦牵牛中。其日甲、乙。其帝大皞，其神句芒。其虫鳞。其音角，律中姑洗。其数八。其味酸，其臭膻。其祀户，祭先脾。

桐始华，田鼠化为鴽[④]，虹始见，萍始生。

天子居青阳右个，乘鸾路，驾仓龙，载青旂，衣青衣，服仓玉，食麦与羊，其器疏以达。

是月也，天子乃荐鞠衣[⑤]于先帝。命舟牧覆舟，五覆五反，乃告舟备具于天子焉。天子始乘舟。荐鲔于寝庙，乃为麦祈实。

【注释】

①少舍：暂得止息。

②释菜：以芹藻等物祭祀先师。

③总：聚合。

④驾（rú）：鹌鹑之类的小鸟。

⑤鞠衣：黄色的礼服。先帝：指黄帝。献上如黄色桑叶的衣服是为了祈求蚕事丰收。

【译文】

这个月，农夫们暂时有点空闲。就趁此机会整修门户，宗庙和住室的门户都要整修停当。不要兴兵役和兴起大规模的劳役，以免妨害农事。

这个月，不要把川泽的水用光，不要使池塘干涸，不要焚烧山林。天子于是用羊羔祭祀司寒之神，然后开窖取冰，先献给庙中的祖先。在上旬的丁日，命乐正教练国子舞蹈，陈设蔬菜祭祀先圣、生师之礼。天子率领三公、九卿、诸侯、大夫，亲自到太学去观看。中旬的丁日，又命乐正到太学去教练音乐。这个月，一般不用牲畜作祭品，而是用圭璧皮币来代替。

如果仲春行秋令，则会发生水灾，寒气会猛然袭来，也会有外敌或寇盗来犯；行冬令，则阳气不够，稻麦不熟，百姓会彼此抢夺；行夏令，则会发生旱灾，暖气早来，将会出现螟虫之灾。

季春三月，太阳位于胃宿。黄昏时七星在南方天空正中，早上牵牛星在南方天空的正中。春季属木，天干吉日是甲日和乙日，尊奉的天帝是太皞，配享之神为句芒，与季春相配的虫是五虫中的鳞虫。五音归属角，十二律归属姑洗。成数为八，味属酸，气属膻，祭祀户神，祭品以脾为上。

桐树开始开花，田鼠变为鹌鹑类小鸟，虹开始显现，浮萍开始生长。

天子在明堂东向的右室居住，乘坐装有鸾铃的车子，驾着青色大马，车上插青旗，穿青衣，佩青玉，食用麦食和羊肉，用的器具雕刻直而通达。

这个月，天子向黄帝献上黄色的礼服。命令主管船只的人将船翻转过来检查，检查船底是否有开裂破漏，翻过来检查五遍，才向天子报告舟船准备停当，天子才开始乘舟，向宗庙进献时鲜的鲔鱼，祈求麦子丰收。

是月也，生气方盛，阳气发泄，句①者毕出，萌者尽达。不可以内。天子布德行惠，命有司发仓廪，赐贫穷，振乏绝，开府库，出币帛，周天下。勉诸侯，聘名士，礼贤者。

是月也，命司空曰：『时雨将降，下水上腾。循行国邑，周视原野，修利堤防，道达沟渎，开通道路，毋有障塞。田猎罝罘、罗网、毕、翳、馁②兽之药，毋出九门。』

是月也，命野虞毋伐桑柘。鸣鸠拂其羽，戴胜降于桑。具曲、植、籧、筐。后妃齐戒，亲东乡躬桑。禁妇女毋观③，省妇使，以劝蚕事。蚕事既登，分茧称丝效功，以共郊庙之服，毋有敢惰。

是月也，命工师令百工审五库之量，金、铁、皮、革、筋、角、齿、羽、箭、干、脂、胶、丹、漆，毋或不良。百工咸理，监工日号，『毋悖于时，毋或作为淫巧，以荡上心。』

是月之末，择吉日，大合乐，天子乃帅三公、九卿、诸侯、大夫亲往视之。

是月也，乃合累牛、腾马④，游牝于牧。牺牲、驹、犊，举书其数。命国难，九门磔攘，以毕春气。

季春行冬令，则寒气时发，草木皆肃⑤，国有大恐；行夏令，则民多疾疫，时雨不降，山林不收；行秋令，则天多沉阴，淫雨蚤降，兵革并起。

孟夏之月，日在毕，昏翼中，旦婺女中。其日丙、丁。其帝炎帝，其神祝融。其虫羽。其音徵，律中中吕。其数七。其味苦，其臭焦。其祀灶，祭先肺。

【注释】

①句（gōu）：通『勾』，勾曲。

②餧：同『餵』。

③毋观：不要修饰打扮。

④累、腾：指雌雄交配。

⑤肃：枯萎。

【译文】

这个月，生气正旺盛，阳气发散，勾曲的芽全部都长出来，直的芽也全部破土而出。本月不宜聚敛财货。天子要广施恩泽和惠爱，命令官员，打开谷仓，赐予贫穷的人，救济有困难的人，打开府库，拿出布帛等财物，周济天下困难者。勉励诸侯对名士进行慰问，礼待贤德的人。

这个月，天子对司空下命令说：『多雨的时候就将到，地下水开始上涌，要亲自巡视都城，对郊区的广大田野都要进行考察，修理加固堤防，疏通沟渠，修通道路，沟渠和道路都不要有阻塞。打猎用的捕兽的网、捕鸟的网、长柄的网和射猎用的隐蔽工具，毒害野兽的毒药，一概不能出各个城门。』

这个月，命令野虞制止人们砍伐桑树和柘树。斑鸠振动翅膀，戴胜降落在桑树上，这时要准备好蚕箔、木架、圆筐、方筐等养蚕工具。后妃要斋戒，然后亲自去东郊采桑叶。妇女不要打扮化妆，削减妇女其他方面的差使，以鼓励她们勤于养蚕。蚕事结束后，就将蚕茧分给妇人，让其缫丝，称量缫丝的斤两，来评定成绩的高低。所缫的丝是祭天和宗庙做祭祀礼服用的，不敢怠惰偷懒。

这个月，命令工师，让众工匠检查储藏在五库中的器材的数量，如金、铁、皮、革、筋、角、齿、羽毛、箭、弓干、油脂、胶、红漆、黑漆等，绝不允许品质不良。众工匠都从事制作，监工的每天都发布号令警告他们：『不要延误工期！不要有人制作超标奇异的器物，用来动摇君王的心志，追求奢靡。』

这个月的月末，挑选吉日举行舞乐大会演，天子带领三公、九卿、诸侯、大夫们，亲自前往观看。

这个月，将要进行交配的牛马汇集，散放于牧场，让它们交配。凡要用来祭祀的牺牲，驹、犊都要登记其数量。命令国家进行驱除疫鬼的傩祭，在都城九门之前杀牲驱逐邪气，以阻止春天的不正之气。

季春行冬的政令，寒气便会不时到来，草木凋零萎缩，国家有大的恐慌发生。行夏季之令，则人民会病疫流行，适时令的雨不降，高山和丘陵的作物都得不到收成；行秋令，那么天气多会阴沉，连绵的雨季过早到来，战争四起。

孟夏之月，太阳运行到了毕宿的位置上，傍晚时可见翼星在南方天空正中，拂晓时婺女星出现在南方天空正中。夏季属火，这个月天干的吉日以丙日、丁日为主。尊奉的天帝是炎帝，神是祝融，与孟夏相配的虫是五虫中的羽虫，音以徵音为主，相配的律是十二律中的中吕，成数是七，味道以苦为主，气味以焦为主，祭祀对象是灶神，祭品以肺为上。

蝼蝈鸣，蚯蚓出，王瓜①生，苦菜秀。

天子居明堂左个，乘朱路，驾赤骝，载赤旂，衣朱衣，服赤玉，食菽与鸡。其器高以粗。

是月也，以立夏。先立夏三日，大史谒之天子曰：『其日立夏，盛德在火。』天子乃齐。立夏之日，天子亲帅三公、九卿、大夫以迎夏于南郊。还反，行赏，封诸侯。庆赐遂行，无不欣说②。乃命乐师习合礼乐。命太尉赞桀俊，遂③贤良，举长大，行爵出禄，必当其位。是月也，继长增高，毋有坏堕，毋起土功，毋发大众，毋代大树。

是月也，天子始絺。命野虞出行田原，为天子劳农劝民，毋或失时。命司徒循行县、鄙④，命农勉作，毋休于都。

是月也，驱兽毋害五谷，毋大田猎。农乃登麦，天子乃以彘尝麦，先荐寝庙。

是月也，聚畜百药。靡草死，麦秋⑤至。断薄刑，决小罪，出轻系。蚕事毕，后妃献茧。乃收茧税，以桑为均，贵贱长幼如一，以给郊庙之服。是月也，天子饮酎，用礼乐。

【注释】

①王瓜：又称黄瓜，葫芦科植物。

②欣说：欢欣喜悦。说：同『悦』。

③遂：引进。

④县鄙：两千五百家为『县』，五百家为『鄙』。

⑤麦秋：麦熟。

【译文】

蛙类鸣叫，蚯蚓出土，王瓜开始生长，苦菜也开花了。

天子在明堂南向的左侧室居住，坐着朱红色的车子，驾着赤身黑鬃的马，车上插着绘制赤龙的旗子，身穿朱红色的衣服，佩戴赤色的饰玉，吃的是豆类和鸡，使用的器物高而粗大。

这个月有立夏的节气。在立夏的前三天，太史向天子报告说：『某日立夏，盛德处在火位。』天子因此斋戒准备迎夏。立夏这一天，天子亲自带领三公、九卿、诸侯、大夫到南郊举行迎夏的祭祀。回朝后，在朝廷上赏赐公卿，分封诸侯，实行奖励赏赐，无人不欢欣满意。

命令乐师将礼和乐合起来演练。命令太尉，举荐俊杰，推举贤良，选拔身体健壮的人。分封的爵位，给予的俸禄，必定要和他们的职位相当。这个月，草木更加茁壮高大，不要有毁坏城、郭宫室的行为，不要大兴土木，不要征发劳役，不要乱砍大树。

这一月，天子开始穿细葛布的夏服。命管理田野山林的官员巡察田野，代表天子犒劳农夫，鼓励民众，务使不违农时。又命司徒巡察县、鄙，督促农夫努力耕作，不能在城邑休息。

这一月，要驱逐野兽，不让它们破坏庄稼，但又不能进行田猎。这一月，农夫收获并进献新麦。天子就用猪肉配食，尝新麦。尝新前，先敬献祖庙。

这一月，要采集各种草药储存备用。靡草枯死，麦子成熟的时节到来。同时，要减轻刑罚，审理并赦免轻罪之人。蚕事结束，后妃要向天子献蚕茧，还要及时上交蚕税，以所受桑树多少为准，贵贱长幼统一收取蚕税，用来供应郊祀与庙祭的祭服之用。这一月，天子还要向宗庙敬献重酿之酒，按照礼仪的规定演奏音乐奏乐行礼。

孟夏行秋令，则苦雨①数来，五谷不滋，四鄙入保；行冬令，则草木蚤枯，后乃大水，败其城郭；行春令，则蝗虫为灾，暴风来格，秀草不实。

仲夏之月，日在东井，昏亢中，旦尾中。其日丙丁。其帝炎帝，其神祝融。其虫羽。其音徵，律中蕤宾。其数七。其味苦，其臭焦。其祀灶，祭先肺。

小暑至，螳螂生，䴗始鸣，反舌无声。

天子居明堂大庙，乘朱路，驾赤骝，载赤旂，衣朱衣，服赤玉，食菽与鸡，其器高以粗。养壮佼。

是月也，命乐师修鞀、鞞、鼓，均琴、瑟、管、箫，执干、戚、戈、羽，调竽、笙、篪、簧，饬钟、磬、柷、敔。命有司为民祈祀山川百源，大雩帝②，用盛乐。乃命百县雩祀百辟卿士有益于民者，以祈谷实。农乃登黍。

是月也，天子乃以雏尝黍，羞以含桃③，先荐寝庙。令民毋艾蓝以染，毋烧灰，毋暴布。门闾毋闭，关市毋索。挺重囚，益其食。游牝别群，则絷腾驹。班马政。

是月也，日长至。阴阳争，死生分。君子齐戒，处必掩身，毋躁。止声色，毋或进④。薄滋味，毋致和。节耆欲，定心气。百官静事毋刑，以定晏阴之所成。鹿角解，蝉始鸣。半夏生，木堇荣。

是月也，毋用火南方。可以居高明⑤，可以远眺望，可以升山陵，可以处台榭。

仲夏行冬令，则雹冻伤谷，道路不通，暴兵来至；行春令，则五谷晚熟，百螣⑥时起，其国乃饥；行秋令，则草木零落，果实早成，民殃于疫。

【注释】

①苦雨：秋天的寒雨。

②雩（yú）：求雨之祭。帝：天帝。

③羞：进献。含桃：樱桃。樱桃多被鸟含去，故名。

④进：指进御，谓嫔妃陪夜。

⑤高明：指高且宽敞明亮之处。

⑥螣（tè）：蝗类害虫。

【译文】

孟夏四月如果施行秋季的时令，就会导致寒雨频繁到来，五谷不长，边境上的居民因外敌入侵而躲进城堡避难；此月如果施行冬季的政令，就会导致草木提前枯萎，接着发生洪水，毁坏城郭；此月如果施行春季的政令，就会导致蝗虫为灾，暴风袭来，草只开花而不结果实。

仲夏五月，太阳运行的位置在东井星宿，黄昏时亢星位于南方天空的正中，拂晓时危星位于南方天空的正中。夏季的吉日是丙日和丁日，于五行属火。尊崇的帝是炎帝，敬奉的神是祝融。与仲夏相配的虫是五虫中的羽虫。五声中与火相配的是徵音，与五月相应的音律是蕤宾。与火相配的成数是七。与火相配的五味是苦，仲夏的气味是五臭中的焦味。仲夏要祭祀灶神，祭品中以肺脏为先。

小暑到来，螳螂出生，伯劳啼叫，百舌鸟却不再出声。

天子在明堂的南向的中室居住，坐红色的车，驾红色黑鬃的马，插红色的旗，穿红色的衣，佩带红色的玉，食物主要是豆类和鸡肉，所用的器物高而粗放。这个月要培育好身体健壮的人。

这个月，命令乐师修理、鞀、鞞、鼓，调匀琴、瑟、管、箫，清洗干、戚、戈、羽等器具，调整好竽、笙、篪、簧等各种管簧乐器，整治好钟、磬、柷、敔等各种打击乐器。命令官吏祭祀各山川水流的发源地，以为民众祈祷水源丰沛，举行大雩祭向天帝求雨，祭祀时各种乐器一并演奏。接着又命畿内各县用雩祭来祭祀先代的百君和卿士中有益于民众的人，以求他们庇佑谷丰收。农民在这个月献上新黍。

这个月，天子就配着雏鸡品尝新黍，品尝之前，先献给宗庙，同时进献的还有樱桃。命令百姓不要割蓝草染布，不要烧灰湅布，不要晒布。家门巷门不要关闭，关卡和市场不要搜索。这个月对重罪囚犯要表示优待，增加他们的饮食。放牧时，要把牝马单独分开，把可以腾跃的马驹系住。颁布关于养马的政令。

这个月，夏至到来，白天的时间最长，阴气与阳气相争，死物和生物分界开始。君子要斋戒，居处一定要掩盖住身体，举动不要躁动。要停止享用舞乐和女色，舞乐和女色不要有献上给君子的；饮食滋味要清淡，不要追逐五味调和。要节制欲望，平定心气，百官要安安静静地料理事务，不要动刑罚以安定阴气使其正常产生。鹿脱下头上的角，蝉开始啼叫，半夏生长，木槿开花。

这个月，不要在南边的方位用火，可以居住在高敞明亮的地方，能够眺望远方，能够登上山陵，能够居住在台榭。

夏五月推行冬季的政令，就会有冰雹和霜冻损害庄稼，道路不畅通，并会有盗贼来攻劫。推行春季的政令，粮食作物就会延迟成熟，各种病虫害就会时常发生，国家就会发生饥荒。推行秋季的政令，草和树木就会凋落，果实不到期就成熟，民众就会遭到瘟疫的灾殃。

季夏之月，日在柳，昏火中，旦奎中。其日丙、丁。其帝炎帝，其神祝融。其虫羽。其音徵，律中林钟。其数七。其味苦，其臭焦。其祀灶，祭先肺。温风始至，蟋蟀居壁，鹰乃学习，腐草为萤。天子居明堂右个，乘朱路，驾赤骝，载赤旂，衣朱衣，服赤玉，食菽与鸡，其器高以粗。命渔师伐蛟、取鼍、登①龟、取鼋。命泽人纳材苇。

是月也，命四监大合百县之秩刍，以养牺牲。令民无不咸出其力，以共皇天上帝，名山大川，四方之神，以祠宗庙、社稷之灵，以为民祈福。

是月也，命妇官②染采。黼、黻、文、章必以法故，无或差贷，黑、黄、仓、赤莫不质良，毋敢诈伪，以给郊庙祭祀之服，以为旗章，以别贵贱等给之度。

是月也，树木方盛，乃命虞人入山行木，毋有斩伐。不可以兴土功，不可以合诸侯，不可以起兵动众。毋举大事③以摇养气。毋发令而待，以妨神农之事也。水潦盛昌，神农将持功，举大事则有天殃。

是月也，土润溽暑，大雨时行。烧薙④行水，利以杀草，如行热汤。可能粪田畴，可以美土疆。

季夏行春令，则谷实鲜落，国多风欬，民乃迁徙；行秋令，则丘⑤隰水潦，禾稼不熟，乃多女灾；行冬令，则风寒不时，鹰隼蚤鸷，四鄙入保。

中央土。其日戊、己。其帝黄帝，其神后土。其虫倮。其音宫，律中黄钟之宫。其数五。其味甘，其臭香，其祀中霤，祭先心。

天子居大庙大室，乘大路，驾黄骊，载黄旂，衣黄衣，服黄玉，食稷与牛，其器圜以闳。

【注释】

①登：捕取。

②妇官：主管女工的官员。

③大事：兴徭役。

④薙（tì）：除草。

⑤丘：丘陵。

【译文】

季夏六月，太阳运转的位置在柳星星宿，黄昏时火星位于南方天空的正中间，拂晓时奎星位于南方天空的正中间。夏季的吉日是丙日、丁日，于五行属火。敬奉的天帝是炎帝，敬奉的神是火官祝融。与夏季相配的虫是五虫中的羽虫。五声中与火相合的是徵声，与本月相符的音律是林钟。与火相合的成数是七。与火相合的五味味是苦味，夏季的气味是五臭中的焦味。五祀中祭奠灶神，祭品中以肺为先。这个月，温风开始吹出，蟋蟀移居墙壁上，鹰开始学习飞翔搏击，腐烂的草变成萤火虫。天子在明堂南向的右侧室居住，坐着朱红色的车子，驾着赤色黑鬃的马，车上插着红色的旗子，穿着朱红色的衣服，佩戴赤色的饰玉，主要是吃豆类和鸡，使用的器物高而粗大。命令渔师捕获蛟、鼍、龟、鼋进献。命令泽人收取能够编织器物的苇草。

这个月，命令四监将各县大夫大范围收取畿内百姓常规情况下要交纳的饲草，用来喂养用于祭祀的牲口，使得民众都出力，以供奉天帝、名山大山、四方之神，以祭祀宗庙、社稷的神灵，来为民祈福。

这一月，命令妇官给丝帛染色。黼、黻、文、章各式必须按旧的标准，不得有差错；黑、黄、青、赤等颜料的质地要良好，不得有虚假。这些染出来的丝帛用以制祭天、祭祖的礼服，用以制造旗帜徽标，用以作区别等级贵贱的标准。

这个月，树木正生长得旺盛，于是命令虞人入山巡视树木，不得让人砍伐树木。不可以兴土木工程，不可联合诸侯，不可兴师动众。不可兴徭役，使养育万物之气动摇。不要先发徭役的命令使民众等待，而妨害神农掌管的农事。雨水充足，神农用这些雨水完成养育万物的功德，征徭役会遭受天灾。

这一月，土地湿润，气候酷热，大雨不断，因而割除杂草，曝晒干烧灰，雨水浸泡，高温复加浸泡，最利除灭杂草，如同热水浇兰草。即可肥沃土地，又利于改良土壤。

夏季六月行春季的政令，谷物就会果实少成而且散落，国人多患风寒和咳嗽，百姓会迁徙他地。行秋季的政令，丘陵和湿地就会发生水涝，庄稼长不成熟，妇女有流产等灾祸。行冬季的政令，寒风便会不时到来，鹰和隼变得异常凶猛，各边境的人就会躲入城堡以避开灾殃。

一年的中央属土，天干吉日以戊日和己日为主，尊奉的天帝是黄帝，天神为后土。与此时相配的虫是五虫中的裸虫，音以宫音为主，宫音以黄钟律定音高，生数为五，味道以甘为主，气味以香为主，所祭祀的是中霤，祭品以心为上。

天子居明堂中央太室，坐着黄色大车，驾黄色大马，车上插黄旗，穿黄衣，服黄玉吃稷米与牛肉，器皿圆而宏大。

孟秋之月，日在翼，昏建星中，旦毕中。其日庚、辛。其帝少皞，其神蓐收①。其虫毛。其音商，律中夷则。其数九。其味辛，其臭腥。其祀门，祭先肝。凉风至，白露降，寒蝉鸣，鹰乃祭鸟，用始行戮。天子居总章左个，乘戎路，驾白骆，载白旂，衣白衣，服白玉，食麻与犬，其器廉以深。

是月也，以立秋。先立秋三日，大史谒之天子曰：『某日立秋，盛德在金。』天子乃齐。立秋之日，天子亲帅三公、九卿、诸侯、大夫以迎秋②于西郊。还反，赏军帅、武人于朝。天子乃命将帅选士厉兵，简练桀俊，专任有功，以征不义；诘诛暴慢，以明好恶，顺彼远方。

是月也，命有司修法制，缮囹圄，具桎梏，禁止奸，慎罪邪，务搏执③。命理瞻伤、察创、视折、审断，决狱讼必端平，戮有罪，严断刑。天地始肃，不可以赢。

是月也，农乃登谷。天子尝新，先荐寝庙。命百官始收敛，完堤防，谨壅塞，以备水潦，修宫室，坏④墙垣，补城郭。是月也，毋以封诸侯，立大官，毋以割地，行大使，出大币。

孟秋行冬令，则阴气大胜，介虫⑤败谷，戎兵乃来；行春令，则其国乃旱，阳气复还，五谷无实；行夏令，则国多火灾，寒热不节，民多疟疾。

仲秋之月，日在角，昏牵牛中，旦觜觿中。其日庚、辛。其帝少皞，其神蓐收。其虫毛。其音商，律中南吕。其数九。其味辛，其臭腥。其祀门，祭先肝。盲风⑥至，鸿雁来，玄鸟归，群鸟养羞。天子居揔章大庙，乘戎路，驾白骆，载白旂，衣白衣，服白玉，食麻与犬，其器廉以深。

【注释】

①蓐收：少皞之子，名该。

②迎秋：于西郊设坛，祭白帝少皞。

③搏执：搏击而拘禁。

④坯（péi）：通『培』，上古墙垣为夯土建筑，故需定期添土、垒土、夯筑维修、加固。

⑤介虫：甲虫。

⑥盲风：疾风。

【译文】

孟秋七月，太阳的位置在翼星星宿，黄昏建星在南方天空正中，早上毕星在南方天空的正中。秋季属金，天干吉日是庚日和辛日，尊奉的天帝为少皞，神为蓐收。与孟秋相配的虫是五虫中的毛虫。秋季五音属商，相配的律为十二律中的夷则。金秋之数为九。其五味属辛，五臭属腥。祭祀门神，祭品以肝为上。凉风到来，白露降落，寒蝉鸣叫，鹰捕食飞鸟，先四面陈列于地而不食，如人之祭祀，这时开始处决犯人。天子居于明堂西向的左室，坐着白色兵车，驾用黑鬃白马，插白色旗饰，穿白色衣服，佩白色璧玉，食物以麻籽与狗肉为主。器皿外有棱角而内部深邃。

这个月有立秋的节气。立秋前三天，太史禀告天子说：『某日立秋，盛德处在金位。』天子于是斋戒，准备迎秋。立秋那天，天子亲率三公、九卿、诸侯、大夫，在西郊设坛祭祀天帝少皞。礼毕回朝，天子在朝堂赏赐将帅和勇士。于是天子命令将帅挑选士卒磨砺武器，精选杰出人才加以训练，专任有功之将，以征讨不义之国家；对欺下满上的人问罪诛杀，以表明爱憎，使远方的人知并归顺。

这个月，命令有关官员修习法令制度，修缮监狱，准备脚镣手铐，禁止奸恶之人，警惕犯罪分子，务必逮捕归案。命令治狱之官亲自察看罪犯的伤、创、折、断情况；判决案件，一定要公正，处决重罪之人，要严正判处刑罚。天地之间开始有肃杀之气，要顺应节气，政教正令不可以宽纵。

这个月，农官进献新谷，天子尝新谷，先呈献宗庙。命令官吏们开始征收赋税；修固堤防，谨防河道堵塞，以防备水灾；修理房屋，增高墙垣，修补城墙。这个月，不要分封诸侯、设立大官，不要割地奖赏臣下，不要派出高级使者，不要出重礼。

孟秋七月推行冬季的政令，就会造成阴气太重，甲虫败坏庄稼，并有敌寇来侵；推行春季的政令，国家就会遭到旱灾，阳气复回，粮食作物不结籽粒；推行夏季的政令，国家就会频发火灾，寒热没有规律，民众就会多患疟疾。

秋八月，太阳运转到了角宿的位置，黄昏时候牵牛星显现在南方天空的中间，拂晓时候觜觿星出现在南方天空的正中间。秋季属金，天干吉日是庚日和辛日，主宰八月的天帝是少皞，天神是蓐收，与孟秋相配的虫是五虫中的毛虫，声音主要是商音，相配的律是十二律中的南吕，数以九为成数，味道以辛为主，气味以腥为主，祭奠对象是门神，祭品以肝为上。疾风吹来，大雁从北方飞来，燕子飞到南方去，各种鸟都储存过冬的食物。这个月，天子在明堂西向的正室居住，坐白色的车，驾白色黑鬃尾的马，车上插着绘制白龙的旗子，穿白色的衣服，佩白色的饰玉，食用麻籽和狗肉，使用的器物外表有棱角而内部深邃。